三方共赢

三 位 一 体 の 経 営

[日] 中神康议 ——— 著　　赵艳华 ——— 译

中国科学技术出版社

·北 京·

图书在版编目（CIP）数据

三方共赢 /（日）中神康议著；赵艳华译 . — 北京：
中国科学技术出版社，2023.7
ISBN 978-7-5236-0168-6

Ⅰ . ①三… Ⅱ . ①中… ②赵… Ⅲ . ①企业经营管理
Ⅳ . ① F272.3

中国国家版本馆 CIP 数据核字（2023）第 056205 号

策划编辑	杜凡如　李　卫	
责任编辑	高雪静	
版式设计	蚂蚁设计	
封面设计	创研设	
责任校对	邓雪梅	
责任印制	李晓霖	

出　　版	中国科学技术出版社
发　　行	中国科学技术出版社有限公司发行部
地　　址	北京市海淀区中关村南大街 16 号
邮　　编	100081
发行电话	010-62173865
传　　真	010-62173081
网　　址	http://www.cspbooks.com.cn

开　　本	880mm×1230mm　1/32
字　　数	189 千字
印　　张	9.5
版　　次	2023 年 7 月第 1 版
印　　次	2023 年 7 月第 1 次印刷
印　　刷	河北鹏润印刷有限公司
书　　号	ISBN 978-7-5236-0168-6/F・1123
定　　价	79.00 元

一桥大学研究生院国际企业战略研究方向

楠木建 ❶ 副教授

　　在我看来，本书作者中神康议是日本最优秀的投资者之一，尽管他并不是最强的投资者。因为在投资界，凭借对新兴上市公司的成长性投资，一发命中并攫取大额利润的投资者不计其数，他们的业绩表现都要好于中神先生。当然，中神先生创立的Misaki ❷ 投资公司自成立以来的业绩也是可圈可点的，只不过不是最好的而已。但如果你让那些一发命中的投资家再打一发的时候，恐怕他们就无法重现之前的辉煌业绩了。在投资界，运气和

---

❶　他也是优衣库的战略顾问。——译者注

❷　该公司的日文名称为"みさき投资株式会社"，英文名称为"Misaki Capital"。みさき可对应"岬""御先"等不同的汉字，分别表示与山海相接的"岬角"和引领行业潮流的"先驱者"，这都是企业创始人想要通过企业名称来表达的美好愿景。因为该企业名称含义丰富，故此处不强行译成中文，而是根据日文读音，译作"Misaki"。——译者注

能力缺一不可。如果运气不够好，也无法一发命中。

我不知道中神先生的运气好不好，不过至少从投资哲学来看，我认为他是最优秀的投资者之一。中神先生将他从参与型股东的实践中获得的知识和经验都通过这本书传达给了读者。

本书讨论的重点是经营者与投资者之间应该建立怎样的关系。很多经营者都对投资者避之不及，在他们看来，投资者总是对他们的经营指手画脚，很令人头疼。因此，经营者紧闭对话大门，把投资者拒之门外，单方面采取防御姿态。这种心情可以理解，但是这样做不仅对企业不利，而且对经营者本身也是非常可惜和遗憾的。像中神先生这样的长线严选型投资者，他们与经营者之间是互补关系，经营者应该与他们成为工作伙伴。邀请投资者入驻企业之后，经营者不是被投资者控制和驱使的角色，而是要巧妙地利用他们的技巧和理论来完善企业管理。这样做，不仅投资者可以获得收益，企业员工也能增加自己的财富。这就是本书作者主张的"致力于三方共赢的三位一体经营"战略。

顺势化解矛盾

论点突出，能挖掘出普遍恒常的本质，这是一本好书的特点。我从本书中就读到了长远经营的本质含义。

每个经营者都说"公司需要长期持续经营下去，所以必须以长远的眼光来展开经营活动"。但长期的真正含义是什么？

它与短期有何不同？它不是"一个季度是短期，5 年以上是长期"这种物理意义上的时间尺度。如果一个人的眼光只停留在季度目标上，那么即便过了 10 年（40 个季度），他也只是在重复短期经营而已。

我们要把零和思维转变为正和思维，这就是本书通过讨论得出来的长远经营的本质。即使企业经营在短期内存在明显问题，但如果将其置于长期时间轴中，这种问题也可能会消失。不仅如此，甚至还有可能会变劣势为优势，带来良性循环。由此可见，长远经营的特点就是顺势化解矛盾。

让我来解释一下本书的核心内容，即企业经营者、员工、投资者这三个利益相关方之间的关系。如图 1 所示，三者利益在短期内呈现出三足鼎立之势，三者是对立关系。三方之中任何一方获利，其余各方的利益都必定受损。从经营者和员工的关系来看，提高员工薪资会降低企业利润。而经营者的业绩表

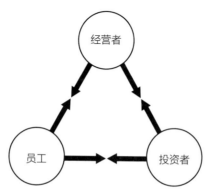

图 1 三者对立（零和关系）

现则取决于企业的收益，所以要想取得好的收益，经营者就要控制员工的薪资水平。与之相对，员工则会要求提高薪资水平。所以，他们之间处于对立关系。

经营者与作为股东的投资者之间也存在着明显的零和关系。股息是利润分配的一种形式，经营者派发给股东的股息增加了，那么用于企业发展的投资资金就会减少。除了股息分红之外，股东为了追求个人利益，还会对企业经营者施加各种压力。典型的例子就是激进型投资者❶（干涉企业经营活动的股东）与经营者之间的关系。激进型投资者会叫嚣："赶紧回购股票！必须使用财务杠杆！马上处理掉不赢利的业务！否则我们就增持股票，进驻董事会然后亲自动手。"在经营者看来，这些投资者的要求完全没有考虑到企业的未来发展，只看到短期收益。经营者自然要对这样的投资者采取防御措施，以确保企业的经营自由。

经营者与投资者的关系尚且如此，员工与投资者的关系就更不用说了。对于投资者而言，企业的人工成本会对利润构成压力。因此他们会采取裁员措施，从而快速改善收益情况。投资者若也支持企业裁减人员，那么这对员工来说就是一种灾难。

---

❶ 指那些为了自身利益最大化而插手企业经营和决策的投资者。——译者注

从"两人三足"到"三位一体"

"日本企业"是一个统称，事实上每家企业的经营模式和管理水平都各不相同。而且随着时代的变化，日本企业的管理方式也在与时俱进。日式经营模式总是让人联想到终身雇佣制、年功序列制❶和应届毕业生集体招聘制度等特点。尽管今天终身雇佣制和年功序列制正在成为历史，但是其实直到第二次世界大战前，终身雇佣制和年功序列制都还是较新的制度，当时采用这两种制度的公司还只是少数。众所周知，没有100年以上历史的事物不能被称为"文化"。日式经营模式并非扎根于日本文化，通俗地说，日式经营模式只是部分大企业为了适应日本经济高速发展期营商环境变化的结果。

基于以上观点，我尽量避免使用"日本企业""日式经营"等词语。尽管昭和时代❷的经济高速发展阶段，日本大型上市企业的表现都非常出色，其中的确可见日式经营模式的影子。从经营者、员工和投资者三方关系来看，这种管理模式相当于中神先生所说的"两人三足"（见图2）。经营者与员工之间建立起"劳资一体"的互惠关系，解决了两者之间的对立问题。

---

❶ 这两种制度是日本企业的传统工资制度，指员工的基本工资随员工本人的年龄和企业工龄的增长而每年增加，而且增加的工资有一定的序列，按各企业的规定增加。——译者注

❷ 1926—1989 年。——译者注

主银行制度❶、交叉持股等日式经营模式时代特有的企业治理结构保证了即使在上市公司中，投资者的影响力也会被限制在较低水平（为了表达这一观点，图 2 中投资者身旁的箭头选用了细线）。在这种模式中，投资者被放到了外场。在经济高速增长时期，公司业绩不断攀升，即使投资者不入场，公司股价也会持续上涨，所以他们即使被晾在外场对企业的发展也影响不大。这也进一步加强了经营者与员工之间的"两人三足"式关系。

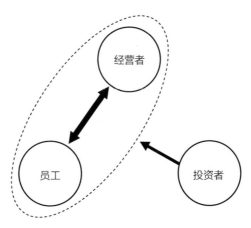

图 2 "两人三足"式关系

经营者和员工相互合作的日式经营管理模式是经济高速增长期内最理想的模式，但随着时代发展和环境变化，这种模

❶ 日式经营模式的特色之一，企业以某一家银行为主要贷款银行，并在人力、资本、信息方面与该银行有密切的联系。——译者注

式终将会失去效力。员工享受终身雇佣，所以他们只要留在公司，待遇就会越来越高，这是一种超逻辑机制。这种超逻辑机制的成立需要特殊条件，即它只能出现在经济高速发展的顺风期。一旦经济高速增长期结束，这一超逻辑机制也将成为历史。每个人都清楚，日本经济在很久之前就已经结束了高速发展期，进入了相对成熟期。所以日式经营管理模式在这一阶段已经举步维艰了。

现在的日本，劳动力流动性增强，人们对换工作已经司空见惯。越来越多的人选择签订临时雇佣合同，经营者与员工之间的命运共同体关系正在逐步走向瓦解。事实上，正如作者所说的那样，日本企业正逐渐通过限制劳动分配率来保证营业利润率。总的来说，在今天的日本，"两人三足"式经营模式已经失效，经营者、员工、投资者正在回归原始的三方对立关系。

与昭和时期的日式经营模式形成鲜明对比的是图 3 所示的三方关系，即所谓的"美式经营模式"，它体现出金融资本主义的特点（当然，美式企业管理其实也各有不同的特点，不能一概而论，许多公司的经营模式并不符合这幅图中的描述，所以这里的"美式经营模式"说法也需要辩证地对待）。在美式经营模式中，经营者和股东之间存在着利益共识。近年来，日本社会一直在强调经营管理面向资本市场的必要性，但经营者如果过度依赖资本市场，就会出现金融资本主义经营的特征。

经营者和投资者会无视现实中的业务成果，想尽办法快速

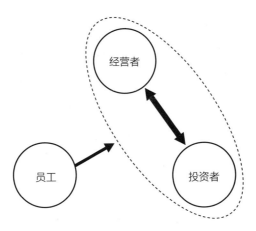

图 3　美式经营模式

推高股价。比如，他们会为了提高本季度业绩而裁员。经营者明知出价过高，却为了吸引股民的注意力而发起一场华而不实的并购。因为股东可以随时卖掉手中的股票，所以这些举措在当时受到了多数股东的追捧。即使这些举措可能会损害企业的未来价值，但股东只要在实际损害发生之前把股票卖掉，那么损失就不会波及自身。

　　然而对经营者来说，他们没有随意买卖股票的自由。一个合格的经营者也不会在企业出现问题时一走了之。但是在金融资本主义结构之下，经营者的薪酬和社会声誉都和公司股价挂钩。所以他们普遍认为，只要近期股价上涨就行，5 年之后的企业会变成什么样与我何干？如今这种缺乏职业道德的行为越来越多，已经为企业经营带来了不小的风险。

　　令人遗憾的是，这是一个资本主义的世界。当经营者和投资者勾结在一起时，员工就会被他们抛在身后。员工的长期权益只能依靠政府的约束和监管来维护。然而，政治上的监管作用是有限的。如果当时的政权更倾向于保护投资者，那么员工就无法依靠政府监管来维护自身权益。这样一来，只有投资者和经营者会富起来，而员工的利益往往会被牺牲掉，最终导致失业率攀升，社会上贫富差异极度分化。

让我们把话题回到日本。经营者和员工之间"两人三足"式经营模式已逐渐失效。此外，随着资本市场的全球化发展，日本上市公司的经营者不得不直接面对投资者。如果他们的头脑不够清醒，就很容易被激进型投资者摆布。换言之，在日本，经营者和投资者之间的关系也在朝向普通资本主义的特点发展。

尽管如此，我的意思却并不是要求企业全面倒向投资者，将经营模式 180 度转向图 3 所示的"美式经营模式"。自雷曼兄弟公司破产冲击❶以来，美国金融经济（至少在公众舆论层面）一直处于动荡之中，这表明美式经营模式本身也有很大的问题。此外，美式经营模式还会破坏日式经营模式原有的优点。

那么，我们的出路在哪里呢？对于这个问题，本书给出的答案是用"三位一体（见图 4）"的经营模式来代替"两人三足"的经营模式。经营者创建了一个有赢利能力的企业，员工

---

❶ 2008 年，美国第四大投资银行雷曼兄弟由于投资失利，在谈判收购失败之后宣布申请破产保护，引发了全球金融海啸。——编者注

们齐心合力帮助企业发展，企业的赢利能力自然会变得更强。这样，经营者履行了自己的职责，员工们的工资也能得到提升。结果就是企业股价上涨，投资者也能获得收益。如果员工持有企业的部分股份，那么他们也能享受到股东权益。这样一来，图1所示的三方对立的零和关系就将转变为所有人都能获益的正和关系。仔细想来，这似乎是理所应当的事情。"三位一体"并不是一种全新的管理模式。"应该回归到亘古不变的管理王道中去"，这就是本书要传达的信息。

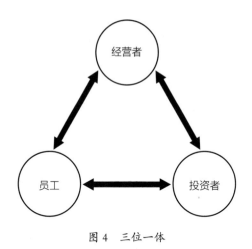

图4　三位一体

🖐 建立在壁垒基础上的复利经营

然而，事情总是说起来容易做起来难，三位一体式的管理不可能在一朝一夕内实现。要想实现这种理想的正和关系，必须要经过几个步骤。

本书将经营管理分为四种类型。只关注销售收入和利润规模的金额经营和追求销售利润率的效率经营都很容易陷入三方对立的零和陷阱。在这两种经营模式下，首先经营者在投资者的压力之下需要提高眼前的利润率，他可能会选择降低员工的工资水平，其次经营者很难为未来的业务进行大笔投资。这样一来，他们将会陷入顾此失彼的窘境。

收益经营关注投入的资本如何能有效地产生利润和现金流，这种经营模式也并不完美。为了实现三位一体的经营模式，企业必须实施复利经营，将收益放入原始资本中进行再投资。只有到了复利经营阶段，时间轴概念才能真正地体现到经营管理中。从再投资和复利的定义来看，时间轴越长越好。至于其中的原因，作者是这样解释的：

如果将产生的收益与原始资本合在一起进行再投资，则原始资本将随着时间的推移呈指数级增长（正如爱因斯坦和巴菲特告诉我们的那样）。企业不再因为收益经营中每年的产出效益而雀跃不已，而是通过将这些效益进行再投资来获得额外的回报。企业这样长期维持高水平增长后，就达到了我们原始投资的资本增值目标。这就是复利经营，对于那些习惯精挑细选的长线严选型投资者以及通过员工持股会和股东持股会持续回购公司股票的人们来说，这是最稳定、回报率最高的经营模式。

手握复利经营主动权的不是员工，也不是股东，而是经营者（正是基于这个意义，经营者被放置在图4中三角形的顶点位置）。反过来说，只要经营者从长远考虑决定实施复利经营，那么在短期视野下经营者、员工和投资者之间的零和关系就自然会转变为正和关系。这就是长远经营的本质，也是从长远角度开展经营工作的要领所在。

对于力图实现复利经营的经营者来说，他们首先要做的就是探索出一条通往复利经营的道路。用我的话来说，这就是采取各种方法来长期保持竞争优势的战略叙事。很多经营者常常把长期目标挂在嘴边，却说不出实现长期目标的合理战略叙事，当你问他要如何实现目标时，他却一直在罗列一些短期举措。

要构建长期竞争优势，仅仅有第3章中提到的业务经济性是远远不够的。任何企业都想在具有业务经济性的行业内从事经营活动。赚钱的业务领域会不断有新的公司涌入，竞争会变得更加激烈。因此，企业要想长期维持超额利润，并使之远远超过资本成本，就必须建立起足以击退强敌的业务壁垒（详见第4章）。归根结底，经营战略的重点在于如何打造业务壁垒。某些业务乍见之下似乎缺乏业务经济性，但是如果能够构建起业务壁垒，那么它就很有可能实现复利经营。

但是，要构建强大牢固的业务壁垒并非易事。如果能够轻松完成，那么它也就不能算是壁垒了。对此，作者在第5章做了详细分析。正如作者所说的那样，要构建强大的业务壁垒，在业界看来需要投入惊人的成本，并且承担巨大的风险。除非经营者全身心投入其中，否则无法建立起业务壁垒。但是另一方面，企业能够利用的经营资源是有限的，所以"从哪里突破"以及"为什么选择那里"就成为问题的核心。

这个问题的答案就是经营者独有的业务构想。作为最具说服性的案例之一，中神先生举出了大和运输公司的经营者小仓昌男的例子，他打造出的个人快递业务实在是非常具有创造性的业务构想。这部分内容值得读者们仔细阅读。中神先生对这一业务构想赞叹不已，这的确是一个令人叹为观止的业务构想。它值得人们竖起大拇指，称赞一句："这才是真正的战略叙事！"

🥄 战略叙事的精髓

当面临复杂问题的时候，普通的经营者会逐条列出各项原因，然后从中寻求答案。但是，以小仓昌男为代表的优秀经营者则会深入到要素之间的因果关系中，在那里分析企业的整体运作机制，这就是大局观。

小仓昌男的战略构想中有一点在本书中没有提及，我却非常感兴趣，那就是个人快递业务的关键性出发点——服务在前，利润在后。从表面上看，服务和利润之间是零和关系，普通经营者总是试图在两者之间寻求平衡。但是小仓昌男却认为这种观点愚不可及，他认为这二者属于鱼与熊掌的关系，无法兼得。正所谓"逐二兔者不得一兔"，小仓昌男看透了这一点，于是他在企业经营中明确了它们的优先顺序。

接下来，小仓昌男开始发挥出真正的实力。他的战略精髓在于，他并不利用单纯的"集中与选择"方式来终结零和关系，不是选择服务而抛弃利润，而是两者都要兼顾。于是这里就需要战略叙事来发挥作用了。他首先将经营重点集中于出色的服务上。只要服务足够出色，就可以提高收件人的满意度，收件人就会注意到这种新型快递的价值，在他发快递的时候就会优先选择大和运输公司。指挥棒传到这里就会出现在第6章中提到的业务网络打造的业务经济性。

小仓昌男这样的战略艺术家的超凡之处不是体现在某项具体的经营决策上，而是体现在他做事的逻辑顺序上。他不会逐条罗列A、B、C，然后要求下属全都做好，而是告诉下属应该首先做某一件事。即因为有了A，所以才会有B，因为有了B，所以才会有C。A与B之间有逻辑关系，B与C之间也有逻辑关系。表面上看这种做法类似于确定优先顺序，但实际上却并非如此。

你之所以可以赚钱，是因为你知道了别人不知道的事情，做到了其他公司做不到或不愿做的事情。这就是战略原点。我曾经与长期从事欧力士❶集团管理工作的宫内义彦交流过,当时我曾疑惑地问他:"在我看来,欧力士这家公司很奇怪,它很难让人理解它为什么会赢利。"对方说道:"正因为别人很难理解,所以我们才会赚钱。"现在想来的确如此。

我们经常会说,一位优秀的经营者能看到别人看不到的风景。小仓昌男就是一个很好的例子。某种从客观上看完全一样的东西,把它通过自己独特的思维过滤器加工处理之后,就会发现其中与众不同的地方。川上哲治❷曾经说过:"我看到的球,都是停止的。"然而事实上球从来没有停止过。说到底,重要的是能够与众不同地看待事物,而不是看到与众不同的事物。

我们这里所说的过滤器相当于经营者提出的业务构思和战略叙事。这并不是只有某个人才能获得的特殊机密信息,鼓吹只有自己才拥有这种东西的通常都是骗子。那么为什么优秀的经营者能够知道别人不知道的事情,看到别人看不到的东西?那是因为他把这些都定位于战略叙事当中,这样一来,他所看到的对象就拥有了不同的意义。

从短期来看,服务质量和利润之间是对立的零和关系。但

---

❶ 日本最大的非银行金融机构和最大的综合金融服务集团。——译者注

❷ 已故日本著名棒球选手。——译者注

是一旦把时间轴加入其中，并且掌握了其背后的运行机制，那么你对于这种零和关系将会有不同的看法。战略不是逐条罗列出来的行动表，战略的优劣也不是由单个行动来决定的。每个行动之间都存在着清晰的逻辑，在这样的战略叙事中，表面上的二律背反将被消解，进而形成良性循环，最终使服务质量和利润都有所提升。厘清了"服务在前，利润在后"这一零和关系，就能够促进形成正和关系。这也说明了长远经营的本质就是实现从零和关系向正和关系的转变。

长远经营中的时间概念并非物理层面的时间，而是逻辑层面的时间。当我们说"从长远考虑"时，容易被理解成"那就考虑一下5年之后的情况吧""不，10年之后才叫长远"。这种思维方式是错误的。即使是物理意义上一年之后的事情，我们也必须用逻辑的方式来看待它，也就是说"完成这件事，那件事才能实现""这一步路铺好了，接下来我们就可以……"。业务构想需要我们从最终目标开始倒推分析。书本要从第一页开始看，但是战略叙事却需要从结局开始读起。逻辑就是对"X会产生Y"这一因果关系的解读。既然是因果关系，那么逻辑就一定会背负时间性，其中必定存在时间轴。因此，也就不存在所谓的"短期战略"。战略的定义决定了战略的长期性。

正如中神先生所说的那样，战略的构思和执行有时需要对抗人性。无论对谁来说，"投入惊人的成本""承担巨大的风险"都是一件非常恐怖的事情。放手一搏地投入成本，既承担了风险，又无法保证一定可以构建起业务壁垒。再出色的战略叙事，在实现之前都只不过是假说，只有尝试做过才知道它能否成功。

既然这样，经营者提出假说的依据是什么？他们靠什么来克服出色的战略叙事所带来的恐惧心理呢？我的答案是"逻辑信念"，除此之外别无其他。

本书中引用了哲学家三木清的名言："假说性思考与逻辑性思考并非单纯地雷同。从某种意义上说，假说比逻辑更为基础，逻辑甚至来源于假说……假说甚至可以通过自身来创造出逻辑。"事实的确如此。即使是小仓昌男，他的个人快递业务战略叙事的发端同样也是超越了逻辑思维的业务观，甚至是一种直觉。不过仅凭直觉是无法战胜恐惧的。尽管决策的成败只有事后才能知晓，但小仓昌男毅然"投入惊人的成本"并"承担巨大的风险"，正是因为他的业务假说符合逻辑。在我看来，逻辑信念才是经营者勇气的源泉。

经营者与员工之间的正和关系

创造出独特的战略叙事是经营者最重要的职责。因为这是构建三位一体管理中经营者、员工、投资者三方关系的基础。

再重复一次，三位一体管理的出发点是经营者。如果经营者没有提出扎实的战略叙事，那么无论员工怎样努力，投资者怎样耳提面命，企业的引擎都无法顺利启动。然而，正如本书所指出的那样，越是开创性的战略叙事就越会遭到众人的反对。如果没有人追随和支持，经营者便无法实施其战略叙事。所以经营者需要利用打造出战略叙事的逻辑力量来说服、吸引追随者，让他们都能够投入其中。每个人都有自己的观点、立场和偏好，无论旁人怎样热情地游说他们，如果缺乏逻辑性，就无法让对方理解你的观点。只有当经营者的逻辑信念为公司的员工所共享时，他的经营战略才能得到实施。

小仓昌男便是一个将逻辑力量发挥到极致的人。他不仅擅长战略构思，还擅长将力量集中到战略叙事的实施上。员工认可了小仓昌男业务构想中的逻辑，并尝试着参与其中。正是这些人推动了他的战略叙事一步步向前发展。如果您阅读了大和运输公司历任经营者关于小仓昌男的回忆录——《大和正传：小仓昌男的遗产》，就会对他的卓越能力有更清楚的了解。

只有当经营者的战略叙事点燃了人们的激情后，企业业务才能如火如荼地展开。企业发展形成良性循环后，就可以增加更多的就业岗位，提高员工收入。这样一来，员工就会越来越积极地投入到工作中，企业的日常业务也会越做越大。

本书提出了一个具体可行的建议，那就是增加董事高管人员和员工的持股数量。尽管日本企业总是标榜经营者与员工之间是"两人三足"式的协作关系，其实内部员工持股的比例还是要远低于其他国家。中神先生建议"引入一种机制，保证员工可以持有公司已发行股票 10% 左右的份额",对此我深表赞同。

日本企业在命运共同体意识和员工敬业程度方面即便比不上自身的经济高速发展时期,至少要好于其他一些国家。如果员工能够广泛且少量地持有公司股票,那么员工的志向自然会变得长远,经营者与员工之间的正和关系也会加深。最重要的是,复利经营作为奖励员工的一种手段,对企业股价的持续上涨和股息等资产的增值意义重大。只要是上市企业,它就一定会使用这种股份公司所特有的管理机制。

微分还是积分

有的人非常喜欢品牌建设,每每说着说着就会把话题扯到品牌建设上去。诚然,品牌对所有公司来说都很重要。尽管如此,我仍然对那些过于重视品牌建设的观点持怀疑态度。我认为,"一定要打造出某个品牌"的野心反而会使经营脱离正轨,削弱经营水平。

品牌,说白了就是信誉。昭和时代有名的女演员高峰秀子是我最尊敬的人之一,她就认为信誉与人气是两个不同的概念。女演员追求人气,重视人气,是因为她们的职业发展离不开人气。但是人气只是暂时性的东西,真正重要的是信誉。无论是演电影还是写书,高峰秀子始终把"信誉"二字看作工作和生活之本。她希望观众在看她的电影时会说:"高峰秀子出演的电影肯定错不了。"这就是信誉。人气总有一天会消失，最后留下的只有信誉。高峰女士认为，需求是工作的前提，但是这种需求绝不应该是人气。

而品牌建设的目标往往是人气。我们可以设置关键绩效指标、做出预算并评估品牌的人气效果。乍一看似乎一切尽在掌握，但是我们却无法控制客户的内心。人们若强行控制自己无法控制的东西，这将会导致各种问题层出不穷。

信誉无法在短时间内建立起来，但是我们可以掌控自己的日常行动，保证绝对满足客户的要求。日积月累之后，不知不觉间就产生了信誉。如果说人气是微分，那么信誉就是积分。企业在日常的经营活动中逐渐积累信誉，回过头看，企业整体上已经形成了品牌，这就是最理想的做法。不是主动地打造品牌，而是被动地形成品牌，这才是对品牌的正确理解。越是没有信心提供独特价值的公司，就越是执着于打造品牌，粉饰自己。如果底妆画得不够好就去化彩妆，就不能完美地掩盖五官的缺点。况且到了晚上，所有的化妆品都会被洗掉，完美的就是完美的，不完美的就是不完美的。

品牌是强大的资产，它会让业务操作起来得心应手。即使没有高调宣传，客户也会选择你的产品，哪怕支付更高的费用。这实在是一件好事。但是，品牌很容易陷入鸡生蛋还是蛋生鸡的同义反复中去——"企业为什么强大？因为打造了品牌""为什么打造出了品牌？因为企业强大"。归根结底，企业要发展只能提高自身的业务水平。强大的业务能力会塑造强大的品牌，而不是强大的品牌会带来强大的业务能力。我们必须要弄清楚它们之间的因果关系。

丰田公司和苹果公司之所以能打造出今天的强势品牌，是因为它们本身拥有强大的产品，而且在服务和运营方面具有独特的价值，并不是有了品牌才有了强大的产品。我们最好把品牌视为一种奖励，是企业迄今为止在业务经营过程中日积月累产生的奖励。企业如果为了早些得到奖励而不断做出小动作，这些早晚会被客户发现。即使这些小动作暂时吸引了客户的关注，也绝不是长久之计。在不经意回头之时，品牌已经形成，这才是企业发展应该的做法。

🍵 经营者与投资者之间的正和关系

如果经营者打造的战略叙事成功地转化为赢利能力，提升了公司业绩，自然会受到资本市场的追捧，购买企业股票的投资者也会越来越多。其结果是企业价值获得了提升，投资者也能获得丰厚的回报。只不过经营者和投资者之间的这种正和关系只能是长期磨合的结果。

企业价值和品牌在某些方面具有共性，例如它们都有较强的事后性、持续时间长的特点，而且本身难以把握。中神先生说："改变经营管理方式，企业的本质价值会得到提升，股价也会在不知不觉间上涨。"注意这里的"不知不觉"一词。与品牌不同的是，企业的股价是客观数字，它每天都在发生着变化。复利经营创造出来的企业价值本来是积分，但是比起品牌建设，人们更想把眼前的微分最大化。这样一来，经营者就会沉迷于打造价值，但是此时的价值却不是建立在品牌基础之上的，这显然是本末倒置。

经营者与投资者互惠关系的关键不在于企业价值增值的结果，而在于价值增值的过程。为此，我们应该进一步强化战略叙事能力，这也是三位一体管理的起点和原点。与此同时，我们还要充分发挥经营者与投资者之间的"萨长同盟"❶的优势。

不过，经营者并非与任何投资者都能结成互惠关系。投资者会选择合适的企业投资，经营者也必须选择合适的投资者。从三位一体管理的概念来看，经营者选择短线投资者毫无意义。当今资本市场上的主要参与者是长线分散型投资者，他们也无法与经营者结成互惠合作关系。因为长线分散型投资者主要来自指数基金公司，他们以整个资本市场为投资对象。就投资本身来说，他们的做法通常都具有很强的合理性，但是这种投资者并不关注个别企业经营的好坏。其实长期分散型投资者的价值就在于他们不会对个别企业做出评估和判断。因此企业

---

❶ 是日本江户幕府时代末期，在萨摩藩与长州藩之间缔结的政治、军事性质的同盟。——编者注

经营者的合作目标只能是极少数的长线严选型投资者。

　　经营者需要接纳长线严选型投资者的加入，与他们开展经常性对话，将他们的思维与技巧融入企业管理中。这样做有助于经营者完善自身的业务观，深入研究自身的战略构思。长线严选型投资者对经营者是有益的，因为他们二者拥有相同的终极目标，那就是企业价值的长期持续增长。此外，从思维方式上看，长线严选型投资者与经营者之间存在着互补关系。

　　第一个互补性是"旁观者清"。经营者每天都在行业的生存之道中奔波，有些东西只有奔跑者才能看到。我们用开车来打个比方就容易理解了。即使在路上遇到较小的障碍物，我们在行驶过程中也能马上发现它，并迅速转动方向盘以避开障碍物。这是因为汽车在向前行驶，所以我们能看清楚前方的障碍物。但是这样做也有缺点。越是开车的人就越容易出现视野变窄，甚至视野固化的风险。对那些习惯于一边行驶一边思考的人来说，他们的视野一定会变得越来越狭窄。当有东西进入自己视野中，他们可以清晰地看到闯入物的细节，但是看到的范围却受到限制，很容易出现"一叶障目，不见泰山"的情况。在激烈的市场竞争中，经营者不得不越跑越快。请想象一下汽车在高速公路上狂奔的情景。开车时左顾右盼是很危险的，因为跑得越快，视野就越窄。

　　要想改变视线，拓宽视野，就必须要将周围的风景做抽象化处理。经营者对行业动态了如指掌，他们比任何人都了解自己所处的行业、自己的公司和业务。但是正因为深受所在行业和业务的熏陶，所以他们很不擅长进行抽象思维。

在这方面，长线严选型投资者虽然自己并不从事企业管理工作，但是他们在其职业生涯和日常生活中，每天都在认真地分析每个行业、每家企业，这是他们的生存之道。我们从第3章中的"具体行业"与"行业类型"之间的差异就可以看出，将个别的、具体的经营手段进行抽象化和理论化处理是长线严选型投资者的谋生手段，他们必须具备旁观者清的能力。经营者与投资者都有自己的生存之道，它们的交叉之处会产生好的创意，进而被用来强化战略叙事。

第二个互补性在于近年来激进投资者对企业的侵蚀已受到业界关注。长线严选型投资者的思维和技巧不仅有助于企业展开进攻型经营，还有助于企业防御来自激进型投资者的侵犯。激进型投资者往往会详细调查过大量企业，并深入研究那些让他们有机可乘的企业经营情况。现在，激进型投资者正对日本股市虎视眈眈，本书作者也对此表示了担忧。激进型投资者的惯用伎俩是指责经营者不敢冒险，明哲保身。由于日本上市企业的利润水平较低，同时还欠缺冒险精神，所以一旦激进型投资者使出其惯用伎俩，日本的上市企业就几乎难以招架。

企业要想对抗激进型投资者，最有效的办法是创造较高的超额利润，采取复利经营，不给激进型投资者任何指摘的机会。要做到这一点，就必须先了解投资者的心理与逻辑。在这方面长线型投资者的看法很值得信赖，因为他们同为投资者，长线型投资者非常了解激进型投资者的想法。这就如同想要获得女士的青睐，男士之间怎样热烈讨论都不如直接听听女性的建议一样。

第三个互补性也是最重要的一点，严选型投资者的工作性质决定了他们必须具备长远眼光和长线思维。他们所依据的逻辑是"复利"，即时间轴越长，获得的回报就越多。他们之所以拥有长远眼光和格局，并非出自道德或自律，而是利害关系。为了自己的利益，长线严选型投资者不得不思虑长远。所以在这一点上，他们与经营者最为互补。

上市企业经常要面对包括披露季度业绩在内的各种短期诱惑。他们很容易只关注眼前的利益，而忽视了企业的长期利益。经营者满脑子都是当前的数字，他们的全部精力都放在如何应付季度财务报告和下一届股东大会上。屈从于短期目标是人类的本性。正因如此，我们才要求经营者不要只看到眼前的利益，而要目光长远。但是一个人要建立这种觉悟并非易事，所以经营者才要与眼光长远的严选型投资者展开对话与合作。

日本著名的企业管理大师大前研一曾说过："只有三种方法可以改变一个人，那就是改变他的时间分配方式、改变他的居住环境、改变他的交往对象，而最没有意义的就是'重新做出决定'。"所以我们首先要改变交往对象。经营者现在就要与长线严选型投资者建立起和谐坦诚的关系。建立关系的方法有很多，我们最好与他们建立起紧密而长期的关系。经营者要审慎选择严选型投资者，邀请他们加入顾问委员会，或邀请他们来担任外部董事。

正如作者在书中强调的那样，企业经营必须回归到"经济的引擎是企业，企业的引擎是管理"这一原理上。国家的未来必须掌握在经营者手中。"三位一体经营让所有人共同富裕"，这是一个亘古常新的经营模式，希望越来越多的经营者能够以此为目标，通过努力奋斗去实现它。

　　本书将"投资家的思维与技巧"引入了企业经营管理中，讲述了一种如何让企业经营者、员工和投资者三方均能获益的经营之道。在写作时，我力图另辟蹊径，尝试以独特的切入点来阐述三方共赢的可行性。接下来，先让我们从两个轻松的小故事开启阅读之旅。

　　我喜欢冲浪。虽然我的水平一般，却是发自内心地喜欢，每周末一定会去海边冲浪。有一天，在老地方，我正坐在冲浪板上等待下一波海浪的到来。这时，还算脸熟的 U 先生划水来到我身边，他说道："中神先生，和您说一件事。我不是快退休了嘛，于是我去看了看之前被迫通过员工持股会购买的公司股票现在值多少钱了。结果吓了一大跳，我原本以为也就值 700 万日元（1 日元 ≈ 0.052 元人民币）左右，没想到现在居然涨到了 2000 万日元！"

　　我很吃惊，对他说："U 先生，那可不得了。公司职员除了退休金之外，几乎不可能攒到 2000 万日元。这样说来，之前你一直抱怨的 O 社长在经营方面还真有一手。"

　　U 先生说："可不是嘛，这一点我必须承认。"他一边说着，一边利索地接住一个浪头划向远方了。

　　另一个故事相对比较完整。贝亲株式会社❶的社长兼会长大越昭夫和我私下关系一直很不错，每当我们在一起喝酒的时候，他总会说："中神，你这个人呀，以前真的是很狂傲！虽然你是公司的大股东，但我是社长呀，你每次都对我的经营方式指手画脚，告诉我这里应该怎么做，那里应该怎样改。我虽不情愿，却还是听了你的话，全部按照你说的做了。结果，不知不觉间，我的财富迅速增加了，现在儿子和孙子们都非常崇拜我。"

　　事情是这样的，我多年前成立了一家名为 Misaki 的投资公司，贝亲株式会社是我公司的创始成员们实践的一个成功案例。我们从 2005 年左右开始投资贝亲株式会社，不久后成为他们的大股东。此后，我们经常与贝亲株式会社的管理层共同讨论拓展海外市场以及引入新的赢利指标等问题。在此期间，我们与贝亲株式会社的三任社长都打过交道。

　　在长期合作的过程中，贝亲株式会社的市值从投资之初的 300 亿日元增长到 2020 年的近 6000 亿日元，大越昭夫在董事持股会上购入的股票价值也实现了大幅增长。当然，我们

---

❶　这是一家主营产品为奶瓶、奶嘴等喂养支持产品及婴儿洗护用品等的企业。——译者注

作为投资者也获得了丰厚的回报。但这还不是全部。通过员工持股会购买公司股份的员工们也收获了一大笔财富。现在，很多退休员工都表示"得益于公司股价大涨，我们能买得起房子了""单靠股息就能生活得很好"。事实上，大幅上涨的不仅是股价。在我们投资之初，贝亲株式会社曾被某杂志列入"薪酬较低公司名单"之中。但是通过我们与三代社长们的共同努力，该公司市值增长，员工薪酬也在水涨船高。现在，贝亲株式会社的薪酬已经可以超过欧姆龙、花王、尤妮佳等一众标杆企业的平均薪酬了。

可复制的经营理念助力实现三方共赢

类似的故事还有很多。曾经有位社长和我说："有一次我在出席股东大会时，已经退休的清洁工阿姨和杂务工大叔告诉我，他们持有的公司股票已经涨到了两三千万日元。作为一名企业经营者，听到这些话，真是替他们高兴。"

每次听到这样的故事，我都非常感慨。我认为这些发生在我们身边的事情，正在告诉我们一个重要的道理。投资人不直接参与企业经营，但他们可以从一个局外人的角度对企业做出冷静分析，准确判断企业的发展空间，正所谓旁观者清。此时，如果经营者能够敞开胸襟，接受投资人的参与，与其齐心协力发展企业，那么企业的经营一定会蒸蒸日上。经营好转了，公司市值自然会提高，股价也会在不知不觉间上涨。至于利润方面，我们这种投资人自不必说，长期服务于公司的管理者和员工们也可以极大地享受到公司发展带来的红利。

企业经营者、员工和投资者尽管立场完全不同，但是如果三方可以齐心协力，锐意变革，那么就有可能实现三方共赢。

我在想，如果将这些随处可见的小故事，总结成具有普遍意义的经营理念，把它们推广到更多企业，不就能帮助更多的人创造出更多的财富吗？这就是我撰写本书的初衷。

在日本，人们往往会认为与金钱打交道并不是什么高尚的事业。但是我认为，一个长期致力于企业发展，为企业做出贡献的人，把他多年思考、努力的成果，以及赚钱之道总结出来分享给社会，这绝对不是什么坏事。

从管理咨询行业转行到投资领域

大学毕业后的很长一段时间里，我从事的都是管理咨询工作。在这大约 20 年的时间里，我与客户——也就是企业经营者们共同挥洒着汗水，努力改善他们的经营状况。

如果企业经营者和经营顾问齐心协力把工作做好，企业会发生巨大的变化。这种变化会提高公司的价值，公司股价也会相应地大幅上涨。迄今为止，我已经帮助很多企业做到了这一点。比如，有的客户起初销售额虽高达 1000 亿日元，但利润却仅有 20 亿日元，在我的帮助下，他们的利润提高到了 150 亿日元，同时股价上涨了 10 倍。

公司经营好了，股价自然会上涨，对此我有切身感受。15年前，这个简单的逻辑让我获益良多。当年我没有任何投资经验，却毅然投身于投资行业。我会做出这个决定，靠的就是自己"参与型股东"这一理念。

说是理念，可能有点夸大其词，事实上，这只是一个简单的构想：投资一个你认为优秀的公司或经营者，自己作为股东来参与企业管理，挥洒汗水，与企业共进退。以一个股东的身份为企业好好工作，企业就会变得更好，投资就会获得回报。

对于投身于投资行业这件事，我现在回想起来还有些后怕，只觉得当时的自己实在是年轻气盛。事实上，我能感受到当时很多同行对我都是冷眼相待的。

我在 2005 年左右进入投资行业，当时正处在股东大肆干涉企业经营的时代。这些对企业经营指手画脚的股东们总是会成为社会热门话题，也成为人们非议的对象，不过实际上他们也的确攫取了高额回报。按照当时人们的观点，我只要顺应时代潮流，做一个对企业经营指手画脚的股东就好。一个没有任何投资经验的人还笃信什么好好先生式的"参与型股东"理念，自然会被嗤之以鼻。但是，对于一个一门心思想助力企业发展并为之付出辛勤汗水的人来说，除此之外别无选择。我只能笃定自己的信念，在波涛汹涌的股市中步伐坚定地走下去。

之后，市场环境发生了前所未有的剧变，雷曼兄弟公司破产和日本"3·11"大地震接踵而至。日本股市陷入了长期低迷，海外投资者对其避之不及。

或许正是因为我的这种无知才能让自己激流勇进。我不在乎市场上发生了什么，而是一门心思地参与投资企业的管理，挥洒汗水，勤奋工作。颇有意思的是，这种投资方式居然取得了非常好的效果。

投资企业的股价增长了一倍

我投资看好的公司和经营者，并认真思考怎样做对公司有利，然后向企业提出合理的建议。我与经营者进行讨论，加深对公司和管理的了解，自信地开展长期的、规模化的投资。企业经营者和其他投资者坦诚地向我分享他们的看法，大家一起为了企业的发展而共同努力……在日本遭到雷曼兄弟公司破产冲击的那一年，通过各方的不懈努力，我投资企业的股价翻了一番，有的企业甚至在所有上市公司的年度股价涨幅榜中排到了第一位。

我同时投资的企业数量不超过10家，这是我的投资风格。尽管投资数量不多，但我经常能取得惊人的投资业绩。我曾有幸获得一家全球性基金研究机构颁发的"亚洲最佳基金奖"，还有股市研究人员说我是"日本股权管理史上一座闪亮的丰碑"。

这些赞美之辞让我感到非常荣幸。除了我获得的这些荣誉外，我周围的人也都有了可喜的变化。这些变化就是在本书开头部分提到的事实——不仅仅是投资者，经营者和众多员工也在不知不觉中变得富有起来。本书的目的就是收集整理这些故事，并在此基础上提出一个普遍的、可复制推广的经营管理理念。

衷心希望各位读者能够践行本书中所提出的经营理念，通过科学的管理，实现企业经营者、员工与投资者的三方共赢。

第一部分
◆ **三方共赢的形成机制** ◆

第三部分
◆ 统管整个公司 ◆

绪论

将投资者的思维和技巧融入企业管理

···

　　21 世纪的前 20 年，日本国内和国外发生了数次危机。例如，给全球经济带来了严重冲击的雷曼兄弟公司破产、日本"3·11"大地震，还有新冠病毒疫情等。每当危机发生时，各国政府都会想尽一切办法来做出应对。其中被各国政府屡试不爽的一大举措就是利用中央银行来发行大量货币，让货币充斥到社会的每个角落，以此来拯救陷入资金周转困难的经营主体。将来人们回顾这段历史时，或许可以将这段时期称为"货币超发时期"。

　　大量的增发货币会对未来产生各种影响。身在投资界，我切身感受到了激进型投资者正在变得越来越疯狂。充斥在全球各个角落里的资金必定要寻找高回报的项目，而寻求高回报的那部分资金将流向激进型投资者，这些人正在成为股权投资的重要势力。不久之后，这些实力雄厚的激进型投资者会对日本企业提出更苛刻的要求，他们的投资行为将会陆续见诸报端，引发社会的关注。

　　如今，日本企业在经营管理的理念上正处于岔路口。企业是采取措施来回报长期以来为企业发展付出艰辛努力的员工和经营者，还是屈服于激进型投资者的淫威并受其摆布？各家企业必须要做出一个选择。经营者们现在处境艰难，他们既要坚定地执行进攻型管理方针，以期达到企业全体成员共同富裕的目标，又要执行防御型管理方针，以对抗激进型投资者，保护企业能够自主经营。换句话说，他们必须要采取攻防兼备的管理战略。

围绕这一课题，本书建议将严选型投资者的思维和技巧融入企业管理中，打出攻守兼备的妙招。我将利用本章内容对这一观点做出具体说明。

严选型投资者的思维与技巧造就了攻防兼备的妙手绝招

说到投资者时，人们往往会把他们当作一个整体来看待。事实上，投资者的类型千差万别，甚至可以说多样性才是投资者的本质，各种不同的投资者在股票市场上不断展开交锋。正因为这种多样性，才有了市场上的各种股票交易。

在投资者中，既有一整天盯着电脑屏幕不停交易的"日交易者"，也有仔细研究每家企业情况的"长线投资者"。本书的重点自然放在长线投资者身上，尤其会关注长线投资者中的严选型投资者，因为他们的思维与技巧可帮助企业形成攻守兼备的妙手绝招。

长线投资者也分很多种。有为了降低投资风险，以组合投资的方式持有一两百家企业股票的主动投资者；也有以分散风险为终极形态，即瞄准整个股票市场（准确地说，其目标是获得一种类似指数级的回报）的被动投资者。

尽管这些投资人也能被称作长线投资者，但企业经营管理者无法从他们那里获得经营方面的建设性意见。因为这些人压根不在乎个别企业的经营风险，不会为此思考对策，他们只会将资金放入不同的公司以规避风险。本书将这种长线投资者称为"长线分散型投资者"。

与此相对，严选型投资者则会精挑细选出为数不多的几家公司进行长期投资，他们的运作逻辑与长线分散型投资者完全不同。顾名思义，严选型投资者会严选出优质企业，对企业经营者进行彻底调查和评估。他们只会选择少数几家公司进行投资，并且在此之前会调查它们的经营情况，判断该企业能否带来长期回报，并找出判断依据（除非另有说明，否则本书中出现的"长线投资者"均指代"严选型投资者"）。

严选型投资者独具慧眼

严选型投资者会按照统计学"2σ[1]"（相当于标准差 70 左

---

[1] σ 在统计学中表示总体的标准差，用来描述总体各样本之间的离散程度。——编者注

右）标准来严选出为数不多的优秀企业，他们相信企业经营者的能力，为企业投资，长期与企业一起在股市里披荆斩棘。一般来说，能达到"1σ"（相当于标准差 60 左右）的企业就已经非常优秀了，但严选型投资者对这样的企业并不感兴趣，他们要精益求精，只选择那些最优秀的企业。

日本股市中大约有 4000 家上市公司。因为严选型投资者只会选择前 2.275% 的企业，所以大约只有 90 家企业能进入他们的投资名单。如此出色的 90 家公司出现股价下挫的情况并不多见，所以严选型投资者可投资的企业数量极为有限（以 Misaki 投资公司为例，我们只投资了约 10 家企业）。

那么，这些严选型投资者是以怎样的标准来评估企业的经营状况呢？尽管他们从未参与过企业管理，但严选型投资者却可以甄选出前 2σ 的企业，这说明他们对企业的选择标准肯定有独到之处。要想通过管理来实现经营者、员工和股东的三方共赢，我们就必须要借鉴严选型投资者的选择标准。

不给激进型投资者可乘之机

我们要向严选型投资者学习还有一个理由，那就是为了抵御激进型投资者的攻击。激进型投资者对企业经营的看法与严选型投资者截然相反，他们常常将目标企业与同行业中的其他企业进行比较，研究其业绩和股价暴跌的原因以及背后的改善空间（他们称为"可操作空间"），并提出各种苛刻的要求，逼迫企业做出让步。

在被激进型投资者攻破城池之前，企业可以将严选型投资者的思维与技巧融入管理当中，抢先一步改善经营体质，加固防御，防止激进型投资者乘虚而入，这也不失为一种妙策。

在日本，迄今为止在企业社会和企业管理领域中，投资者的存在感几乎为零。原因无非是严选型投资者的思维与技巧没有渗透到企业经营层面。因此在这里，我们可以发现改善企业经营状况的巨大潜力。

详细介绍严选型投资者的思维和技巧，利用这一技巧来大幅提高企业的管理水平，进而提高所有人的收入和企业的资产价值，这就是我撰写本书的主要目的。

基于此，我在本书中提出了以下构想。

第一，经营者与员工共同持有公司的大量股份。创建一个有效机制，保证每一个为公司发展做出贡献的人都能分享到公司发展带来的长期成果。

第二，理解严选型投资者的思维与技巧，包括"复利""超额利润""业务经济性""壁垒"等，并将其应用于企业经营管理中。

第三，鼓励持有公司大量股份的员工参与企业经营，提高他们的主人翁意识。在经营方面群策群力，提升管理水平。结合严选型投资者的思维与技巧，逐步提高企业的赢利能力和价值。

第四，企业经营者、员工和严选型投资者三方共享经营管理带来的长期收益，每个人都能得到回报。

迄今为止在日本企业的管理体系中，主要模式仍是经营者与员工共同协作，犹如"两人三足"那样结成命运共同体，一起为了企业的发展而努力。但是我认为，我们应该设想并实践一种新的管理模式，在传统的日式管理模式中融入严选型投资者的思维和技巧。于是我搜集了一些经营者、员工、投资者三方共赢的真实案例，加工整理之后提炼出了一种具有普遍性的、可以被复制推广的经营理论，这就是"三位一体经营"模式。

实现三方共赢的路线图

现在，我们已经给出了"三方共赢""三位一体"等词语来形容这种管理模式，那么接下来让我们一起来看一下本书的整体结构（见图 0-1）。

我将以"当前的经营模式"为起点来展开讨论。在这种经营模式下，经营者和员工团结一致，努力促进企业发展。不过在日本，经营者和员工持有公司股份的比例相较于世界其他国家要低得多，所以在这种模式下，经营者和员工很难享受到企业长期增值所带来的收益。

这种"两人三足"式的经营模式并不能经营好企业。关于

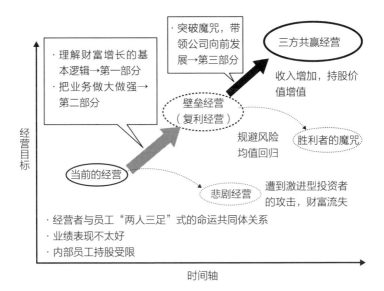

图 0-1　"三方共赢经营模式"路线图

这一点，我会在后文中详述。企业的业绩不会有显著改善，只能通过降低劳动分配率来勉强保持总资产收益率。在通货紧缩的状态下，日本的物价虽然没有上涨，但关系到个人生活质量的工资也没有上涨，与世界其他国家相比，日本人实际工资的增长水平长期在低位徘徊。总而言之，日本人的富裕程度在逐年降低。如果公司业绩持续低迷，就很可能会成为疯狂的激进型投资者的攻击目标。一旦出现这种状况，企业经营将会陷入混乱和灾难中。

但是，我们也可以描绘出三方共赢的美好愿景。只不过这一愿景不会在一朝一夕之间实现，它需要经过以下几个阶段。

我们首先要做到的就是前 2σ 水平的"壁垒经营"（它与

"复利经营"的关系如同硬币的正反面，我在后文中会做详细
解释）。如果企业的经营水平达到 2σ 级，激进型投资者就无
法乘虚而入。当然，我并不是说只要做到这一点就万事大吉
了。这些排名靠前的企业，往往会面临两个"胜利者魔咒"的
考验。

如果我们能够正视这些考验，坚定地克服它们，自然就会
实现三方共赢管理，这也是企业经营管理领域的终极目标。

那么，怎样才能在最短时间内、以最快的方式来实现这一
目标呢？秘诀就是本书中提出的"三位一体经营"模式。这一
过程可能有些复杂，但我希望经营者能脚踏实地奋勇向前，努
力去实现目标。

本书的结构

通过管理来实现三方共赢需要经过几个阶段，下面为您
介绍各阶段的要点。具体来说，这个过程一共分为 10 个阶段，
这 10 个阶段又可以总结为三大部分。

第一部分是"三方共赢的形成机制"。要想实现三方共赢，
那么经营者、员工、投资者中的每个人都要成为公司股东，而
且还要努力保持公司股票价值的长期稳定增长。此处我希望读
者能够理解股票价值长期上涨的机制。通过利用人类历史上最
睿智的人之一——爱因斯坦的思维模式，我们或许可以找到实

现这一目标的稳妥方法。

　　第二部分是"使业务具备压倒性优势"。要想实现三方共赢，作为股票价值源泉的业务自身就必须要具备压倒性优势。业务强大并不仅仅意味着高利润水平、高市场占有率、优秀的产品等，关于这部分内容，我们将会探讨什么样的业务才能实现三方共赢。

　　第三部分是"统管整个公司"。业务强大并不意味着所有人都能变得富有。在这一部分中，我将阐述经营者必须要审慎应对的每个细节。

　　最后是"以最快速度实现三方共赢——三位一体经营"，这一章将为读者介绍世界上最先进的管理理论和案例，总结出以最短时间完成所有步骤的方法。

　　在本书的最前面是当代日本最优秀的管理学学者、一桥商学院的楠木建教授对拙作做出的解说。解说行文轻快洒脱，直击精髓本质，与楠木教授为我的另一本拙作《被长期投资的企业和被短期买卖的企业》所撰写的解说一样，可读性非常强，请大家务必不吝时间仔细阅读。在正式阅读本书之前，读者不妨先从楠木教授的解说入手，这样或许会更容易理解本书想要表达的观点。

第一部分

三方共赢的
形成机制

要实现三方共赢，每个人都应该成为公司股东，而且还要让公司的股价保持长期稳定增长。因此，在第一部分，我尝试着分析一下怎样的机制才能确保公司的股价长期稳定增长。

　　这里讨论的内容与我们的现实生活相距甚远，所以我们需要开启学习模式，认真学习和研究。要实现三方共赢，每个人都必须站在股东的角度来思考问题。对读者来说，这或许有些困难，但我会尽量控制内容篇幅，在两个简短的章节内讲述完毕，希望读者能够用心读下去。

第1章

三方共赢经营模式的法则

··· ·

第一步，理解三方共赢经营模式的法则。在全世界最聪明的人之一——爱因斯坦的思维模式帮助下，人们或许可以找到稳妥的方法来实现企业成员的共同富裕。为了让读者理解复利管理与三方共赢的关系，本章将使用一些数据和图表。通过本章内容，我希望读者记住：要想实现三方共赢，所有人都获得财富，就必须坚守"复利"这一底线。

什么是爱因斯坦和巴菲特坚信的"复利的力量"

其实，投资作为一项业务，并非简简单单就能做好。在人类漫长的投资史中，成功人士大有人在，但是这些成功人士更多的只是一时的成功，最终却是惨淡收场。毫不夸张地说，在投资方面，人类一次又一次地犯下了同样的错误。但是，人类历史上最伟大的智者也为投资界留下了很多箴言警句。

毋庸置疑，人类历史上最有智慧的人之一是爱因斯坦。他兴趣广泛，除了物理学和天文学，在投资领域也留下了这样的至理名言："世界上最厉害的武器不是原子弹，而是时间＋复利。"至于他实际上做了哪些投资，获得了多少投资回报，我们无从得知。但复利被称作"世界第八大奇迹"，这似乎已经表明了人们对它的重视程度。

大多数人都知道利息有两种计算方式：单利和复利。单利仅对本金产生利息，与此相对，复利则对本金和利息（由本金产生）产生新的利息。在投资方面，单利是指不将本金投资所产生的收益进行再投资，而复利则是指将本金连同它产生的投资收益一起进行再投资。

假设现在用于投资的本金有 100 万日元，年利率稳定在4%。那么在单利的情况下，1 年后资产可以增长到 104 万日元，2 年后增长到 108 万日元，3 年后增长到 112 万日元，30 年后达到 220 万日元。但如果以复利进行管理，资产将在 1 年后增长到 104 万日元，2 年后增长到 108.16 万日元，3 年后增长到112.4864 万日元，30 年后将增长到约 324 万日元。将得到的回报用于再投资，或者不用于再投资，30 年后本金相差了 100 万日元以上（呈指数级增长）。

小差距带来的巨大影响

除了爱因斯坦，世界上还有很多聪明的人也在关注复利。

据说当代最成功的投资家之一的巴菲特就总是把"巴菲特复利表"（见表 1-1）装在口袋里。

表 1-1 巴菲特复利表

年利率 （复利）	10 年投资回报 （万日元）	20 年投资回报 （万日元）	30 年投资回报 （万日元）
4%	148	219	324
8%	216	466	1006
12%	311	965	2996
16%	441	1946	8585

长期运用复利算法，虽然利率相差不大，但资产规模变化情况差异较大。

我们应该怎样理解这个复利表呢？比如，我们现在有 100 万日元的本金，以 4% 的利率进行复利投资，那么第 30 年本金将会增长到 324 万日元。如果我们用同样的 100 万日元进行复利投资，利率以 8% 而不是 4% 来计算，那么第 30 年的本金将达到 1006 万日元，是 4% 复利投资的 3 倍。如果利率升至 12%，则第 30 年的本金会增长到 2996 万日元，约为 4% 利率的将近 10 倍。如果利率进一步升至 16%，那么第 30 年的本金会增长到 8585 万日元，为 4% 利率的 26 倍多。

即使本金相同，我们经过长期复利计算后就会发现，微小的收益率差也会被放大很多倍，导致资产出现巨大差异。这就是爱因斯坦和巴菲特所坚信的复利的力量。复利是财富稳定增值机制的根本所在。

如何将复利的力量融入经营管理

严选型投资者最重视复利产生的巨大力量。如果将复利的力量纳入企业的经营管理中，那么企业财富一定会获得稳定、显著的增长，严选型投资者也将获得理想的回报。换言之，严选型投资者会选择去投资那些以复利方式进行经营的企业。在进一步说明这一观点之前，我想依次解释一下四类经营模式。

·金额经营——销售额至上

对于经营者来说，他们最熟悉的经营模式莫过于金额经营（见图1-1）。在这种经营模式下，企业经营者非常重视自身的金额规模，他们要不断维持和提高商品销售额和利润。自己要比竞争对手具有更大体量，聘用更多的员工。"销售额至上"是日本大荣公司❶创始人中内功的至理名言。在我看来，在经济高速发展、就业岗位稳定增长的年代，这种经营模式非常奏效。而对于向企业提供融资服务的银行人员来说，企业的业务规模稳步增长也是他们在进行融资时的重要考量指标。这类经

---

❶ 1972年起超过三越公司成为日本零售业霸主。——译者注

营模式强调的是保持销售额和营业利润规模的不断扩大，努力提高销售额和利润的增长率。

·重视业务规模。
·本期业绩要比上期好，下期要比本期好。
·重视额度的提升（销售收入和销售利润）。

重视指标:
1. 销售收入和销售利润的金额。
2. 它们的增长率。
 ·销售收入增长率;
 ·利润增长率;
 ·资产增长率;
 ……

图 1-1　金额经营

·效率经营——如何实现高效赢利

接下来要介绍的是效率经营。虽然企业也重视营业额和资产规模，但往往会更重视创造收益和现金流的效率如何（见图 1-2）。

这种模式比较典型的表现是，企业非常关注与业务规模（例如营业额）相应的收益率以及现金流的形成效率。从银行融资角度来看，那些有一定规模且收益率较高的企业会更为安全；从企业员工的角度来看，这类企业的薪资和奖金上调的可能性更大。这类经营模式强调的指标是销售收益率和销售现金比例。

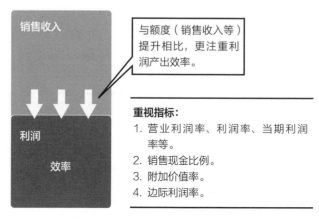

图 1-2　效率经营

·收益经营——本金的高效收益

第三类经营模式是收益经营（见图 1-3）。

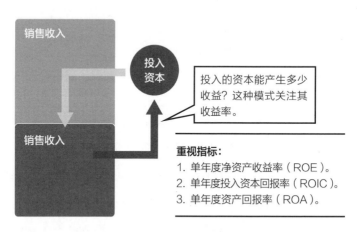

图 1-3　收益经营

效率经营把销售额当作利润和现金流的来源，而收益经营却把投入的资本这一本金当作利润和现金流的来源。换言之，收益经营的侧重点是如何让投入的资本更有效地产生利润和现金流。这是管理思路上的一大转变，同时也是损益表思维[1]的转变。这是一种更注重资金来源的经营理念。企业经营需要投入一定的资金，企业投入资金后（投入环节），投资者就会重视投入资金与收益（产出环节）之间的关系。

收益经营中引入了净资产收益率、投入资本回报率、资产回报率等资本投资效益指标，但还没有引入复利和再投资的概念。这类似于一次性的投资，在这个项目中，参与者共同进行集资、投资和分配收益[2]。

· 复利经营——连年增收

最后我要介绍的是复利经营（见图1-4）。

它同样是基于投入资本这一本金概念而产生的经营模式，但它与收益经营有两大不同点。首先，它引入了再投资的概念。收益经营关注的是单笔投资形成的产出，而复利经营则是将产出叠加到本金后，进行再投资。

另一个不同点是它引入了时间的概念，而且时间轴越长越好。将产生的收益叠加到本金后进行再投资，随着时间的推

---

[1]　一种只追求损益表中数值最大化的短视思维。——译者注

[2]　当时的人们往往会合伙出资购买船只、倒卖世界各地的物产，然后瓜分收益。这与一次性投资的性质极为相似。

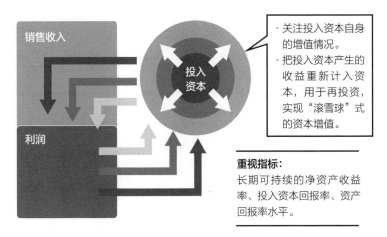

图 1-4　复利经营

移，原来的投入资本会呈指数级增长（即爱因斯坦和巴菲特的理论）。

　　与其像收益经营那样忙于满足投资资本单年的产出规模，还不如将产出转化为再投资的资本，以此来获得额外的回报。企业如果能够长期维持高复利水平，那么投入资本就会出现可喜的增值。这就是复利经营。那些精心选择投资目标并进行长期持续投资的严选型投资者，以及那些通过员工持股制度、董事持股制度入手公司股票的人都是人生赢家，他们可以获得最稳定、最丰厚的回报。

　　关于这一点，我们来举例说明。假设 A 公司最初的股东权益为 100，净资产收益率为 10%，那么它第二年能得到的净利润为 10。如果将净利润的一半（也就是 5）作为红利派发给股东，并将剩余净利润 5 重新计入股东权益，那么此时股东权益就变成了 105。如果以相同的资本投资效率来运作这个 105，那么它第二年的股东权益将增长到 115.5，这意味着产生了 10.5 的新收益。同理，如果将其中的一半（也就是 5.25）作为红利派发给股东，并将剩余的 110.25 重新计入股东权益。以此类推，10 年后的股东权益就变成了 162.89，即 A 公司的股东价值增加了约 60%。

假设 B 公司的资本投资效益为 15%，那么 10 年后它的股东权益就变成了 206.1，翻了约一番。由此可以看出，15% 的投资效益与 10% 的投资效益之间有着巨大的收益差异。虽然从单个年度来看，两者的差别并不很大，但时间一长，两者的差距就变得非常明显了（因此长线投资者会十分在意净资产收益率上和投入资本回报率上的微小差距）。

企业投资不可能一蹴而就。对于企业来说，长期持续经营是它存在的前提条件。复利经营有利于公司的长远发展（这样我们就能理解世界上为什么会出现第一家股份公司了。这是因为该公司单次航行的所得不足以让人们变得富裕起来，于是他们需要进行持续投资，而股份公司这一组织形式正好满足了他们的这种投资需求）。

复利经营体现在长期股价中

当企业经营者看到实时变化的公司股价时，他会发现股价时常会无法准确反映企业的经营现状，有时甚至会出现较大的偏差。于是他们可能会发出"股价反复无常，真让人捉摸不透""即使眼光长远，努力经营，股价仍在随意波动"的感慨。

的确，从短期看，股价容易受到各种因素的影响。但是从长期看，股价与企业的经营水平密切相关。日本调研公司伊博森（Ibbotson）的会长山口胜业曾就此发表过学术论文。他首先将股票的总收益分为"基本面收益"和"估值波动收益"两大部分。基本面收益是指股票的实际利润，包括从股东权益增值中所获得的回报和派发的股息红利。其中，"股东权益增长所获得的回报"是指部分净收益（留存收益）增值后的股东权益（复利）。派发的股息也是来自企业经营活动所积累的实际利润。而估值波动收益则是指股票的人气部分，是人们对公司发展预期的波动所带来的收益。因为受人气因素影响，所以股价很容易出现大涨或暴跌现象。

如表1-2所示，山口胜业对日本的长期股票收益进行了分析。该分析为企业经营者提供了重要的参考，其研究结果显示，从长远来看，无论经营是否顺利，股票收益的基本结构都不会发生变化。

表 1-2 东证一部上市企业股价总回报率要素表

单位：%

	回报值	标准差	
基本面收益（①＋②）	3.6	3.2	长期来看，股价受实际利润的影响较大，上下波动较小。
①股东权益增值回报	2.4	3.1	
②股息	1.2	0.6	
估值波动收益	-2.3	24.5	
合计	1.4	23.8	

注：表内数据为1990—2017年的平均值。

股价的人气部分波动较大，长期收益为负。

我们从表 1-2 中可以看出，股东权益增值带来的收益率为 2.4%。它的标准差（即波动幅度）较小，约为 3.1%。另外，股息派发收益率也较低，约为 1.2%，波动幅度约为 0.6%，比较稳定。这些实际利润的总收益率为 3.6%，标准差为 3.2%，总体比较稳定。

接下来，我们再看估值波动收益率。它的回报值为 -2.3%，标准差为 24.5%，达到了两位数，远远高于基本面收益的标准差。换言之，人气因素带来的回报在经过不断涨跌后，最终停留在负值。

有的经营者认为"股价这种东西，很容易背离公司的真正实力，任意涨跌。对于这种情况，我们的确无能为力。"

但在大多数情况下，这些评论只着眼于人气因素带来的短期股价波动。如果仔细观察股价长期变化的本质，你会发现人气因素已被时间所剥离，只有实际利润才是影响股价的唯一要素。

所以不要被短期人气因素导致的涨跌行情所迷惑，要不断积累收益，使股东权益增值，适当分配部分股东权益后，你会发现股价在稳定上涨。只要经营得当，从长期来看，无论经营者、员工，还是投资者，所有利益相关者的资产都会增加。对于追求三方共赢的经营者来说，这种分析具有极其重要的启示和参考价值。

本金产生利润，部分利润又重新计入本金。不断重复这一操作，你会发现本金实现了大幅增值。长期投资少数几家企业的严选型投资者最重视利用复利手段来增值本金。这种让投入资本不断增值的经营方式会为长线投资者带来可靠的回报。以三方共赢为目标的经营管理者都应该践行这种经营模式。

企业销售收入、利润与股价

前面我介绍了4类经营模式，分别为金额经营、效率经营、收益经营和复利经营。在这4类模式中，哪种更利于股价的长期表现？我虽然才疏学浅，无法与山口胜业相提并论，但也想尝试着给出自己的观点。

　　首先是金额经营。请看一下销售额增长率、营业利润增长率（这些都体现了金额的增长情况）与股票累计收益率之间的关系。如图 1-5 和图 1-6 所示，我们按照销售额增长率、营业利润增长率从高到低的顺序，将东证（TOPIX）500 指数 ❶ 的相关公司分为 Q1、Q2、Q3 和 Q4 共 4 个组，然后分析它们 10 年间股票累计收益率的情况。

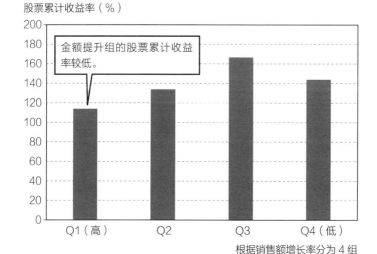

图 1-5　销售收入增长率与股票累计收益率的关系

---

❶　东证股价指数是以在东京证券交易所市场一部上市的所有日本企业为对象而形成的市价总额型股价指数。——译者注

股票累计收益率（％）

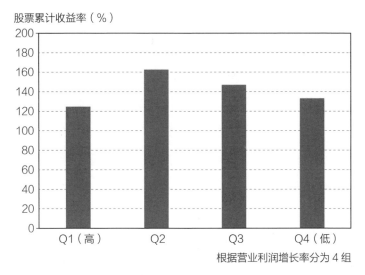

根据营业利润增长率分为4组

图 1-6　营业利润增长率与股票累计收益率之间的关系

　　从它们过去 10 年的长期表现来看，我们发现销售额增长率和营业利润增长率最高组别的股票累计收益率要低于其他组别。销售额增长率最高的 Q1 组，它的累计股票收益率要低于销售额增长率第二高的 Q2 组。同样的情况也出现在营业利润增长率和累计股票收益率图中。营业利润增长率最高的 Q1 组的股票累计收益率要远低于 Q2 组。这一结果可能会让那些强调金额（销售额、营业利润）及其增长率的经营者感到意外和不解。财务业绩披露后，业内报刊一定会分析企业销售额和营业利润的情况。经营业绩的增长率的确会在短期内明显影响到公司的股价。然而，放到 10 年这一时间轴上来看，这种短期股价收益会被时间抹消得干干净净。这说明只追求金额与增长率是无法做到三方共赢管理的。

· 利润率与长期股价几乎没有关系

接下来我们看一下销售利润率、净利润率等效率指标。图 1-7 和图 1-8 中显示出销售利润率和净利润率各异的组别之间股票累计收益率的情况。

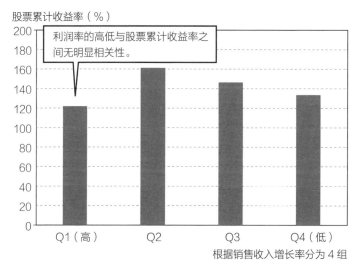

图 1-7 销售利润率与股票累计收益率的关系

我们在追求销售利润率、净利润率的效率经营模式下，仍然可以观察到与金额经营模式相同的分布特征。销售利润率最高的 Q1 组的股票累计收益率要远低于 Q2 组。从净利润率和累计股票收益率的图表来看，净利润率的高低与累计股票收益率几乎没有相关性。

对经营者来说，销售利润率和净利润率都是非常重要的经营目标，很多企业将它看作管理的关键绩效指标（KPI）之一。

股票累计收益率（％）

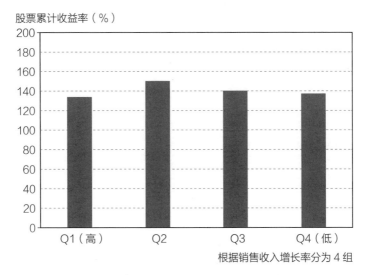

根据销售收入增长率分为 4 组

图 1-8　净利润率与股票累计收益率的关系

但是，如果从相对较长的时间跨度（例如 10 年）来看，我们会发现，追求效率的经营模式无法做到三方共赢管理。

前文中我们通过分析认为金额经营模式并不能实现三方共赢。有了前文的铺垫，相信您对于效率经营模式也同样不能实现三方共赢这一分析结果不会感到意外。

只有复利经营才能实现三方共赢

最后，我们看一下净资产收益率、投入资本回报率等收益率指标与 10 年间股票累计收益的关系。如图 1-9 和图 1-10 所示，我们通过净资产收益率和投入资本回报率的图表可以看出，长期高收益率与股票累计收益率之间存在着明显的相关性。

股票累计收益率（％）

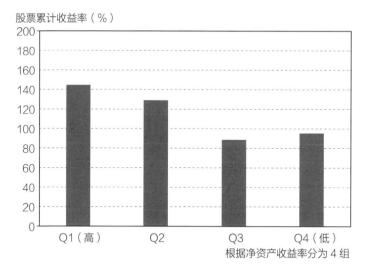

图 1-9 净资产收益率与股票累计收益率之间的关系

股票累计收益率（％）

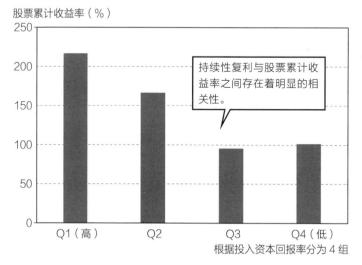

图 1-10 投入资本回报率与股票累计收益率之间的关系

净资产收益率最高的 Q1 组，它的股票累计收益率要高于

Q2 组，Q2 组的股票累计收益率也要高于 Q3 组。能够维持高净资产收益率的企业，其股票的长期表现也很好，两者之间存在着明显的联动关系。

在投入资本回报率方面，这一倾向表现得更加明显。长期投入资本回报率最高的 Q1 组，它的股票累计收益率与 Q2 和 Q3 组也有显著差异。

过去 10 年间，那些能够长期保持较高净资产收益率和投入资本回报率的企业，无非就是采用了复利经营模式。这说明，只有能够保持长期收益的复利经营模式才能提高公司股价，实现经营者、员工和投资者的共同富裕。而金额经营模式和效率经营模式都无法做到这一点。

当然，注重增加金额（例如销售收入和营业利润）和注重提高效率（例如销售利润率和净利润率）的经营模式也自有其重要意义，我也非常赞同这些观点。但是如果想要实现三方共赢的目标，就必须重视复利经营。

"企业只靠增加营业收入或提高收益率并不能维持长期收益。只有复利经营才会创造源源不断的财富。"事实上，以前我从事的企业咨询工作，在帮助企业制定经营战略时，对这一理念还没有清晰的理解。当时为了和客户们一起努力把企业做好，我能够想到的只是金额经营，最多不过是想到效率经营。现在我不得不承认，自己当时在制定经营战略时忽视了投入资本这一经营要素，在经营意识方面还存在很大的欠缺。

由此我们可以看出，经营者与投资者的立场乍看有些相似，但在本质上却截然不同。要实现三方共赢，前提是让经营者和员工都持有公司股票。也就是说，所有人都要化身为长线严选型投资者。这样一来，每个人都清楚地知道自己在经营方面的努力能产生多少收益，理解到提高复利水平是实现三方共赢的必备条件，并愿意为此付出努力。

我们从世界上最睿智的人那里学会了实现三方共赢的首要条件，同时它也是大幅提高员工和经营者所持股票价格的方法，这就是要以复利为前提来展开经营活动。

··· 第 1 章总结 ···

1. 本章使用了大量的数据和图表，是比较烦琐的一章，同时也是非常重要的一章。因为我们以严选型投资者的选择标准为切入点，设置了三方共赢经营模式的"OB❶区"。

2. 三方共赢经营模式的"OB区"指的是那些无法产生复利的经营模式。无论是大幅提高营业收入和利润等金额体量，还是提高损益表里面的收益率，都无法产生复利。

3. 企业用较少的投入而获得较大产出的收益经营固然重要，但是更为重要的是获得持续赢利的能力。将产出追加到投入中，然后产生新的收益，这样就可以使原始投入不断增值，形成螺旋式上升的良性循环。这种复利经营模式才是实现资产长期稳定增值的最佳方式，严选型投资者深谙此道。长远来看，只有复利经营模式才能实现三方共赢。

4. 本章设定了三方共赢经营模式的OB区，下一章中我将阐述三方共赢经营模式的"球道区"。

---

❶ OB是高尔夫球术语，是Out of Bounds的缩写，意为"界外"。——译者注

第2章

实现三方共赢的平坦球道——超额利润

···

仅避开 OB 区尚不足以接近三方共赢的终极目标，我们第二步要做的是保持企业始终在三方共赢的球道上经营。因此，我们在巧妙规避 OB 区的同时，还应沿着三方共赢的球道区努力前进。而我们行进路上的指示牌就是超额利润。

与第 1 章一样，本章中也会出现资本投资效益、资本成本等较难理解的术语。不过您不必太在意，只要大概知道复利水平会影响到超额利润的产出即可。本章的篇幅不长，要阐明的一个基本观点就是所有人都是投资者。此后我们将直接进入管理理论部分，跟随优秀的投资者一起学习和探索经营之道。

获得超额利润才是合格的经营者

那么复利经营中的"复利"要达到什么水平呢？简单来说就是要创造出超额利润。具体来说，就是投资收益要超过资本成本，并以复利的形式不断地循环下去。

事实上这一标准也是日本政府设定的标准。它由日本金融厅和东京证券交易所共同制定，并在 2015 年 6 月实施的《日本公司治理准则》的第 1 章中出现了"资本投资效益"一词，由此受到人们的广泛关注。其中明确规定"在设定和公布企业经营战略、经营计划时，应提出企业赢利能力、资本效率等相关目标"。净资产收益率是其中的典型指标，企业经营者应重视这一指标。没过多久，在 2018 年 6 月发布的该准则修订版中又加入了"准确把握公司资本成本后"这句话，引入了"资本成本"的概念。从 2015 年和 2018 年两个版本的变化情况来看，日本政府无疑是在督促企业"努力提高资本投资效益，使收益能够覆盖资本成本"。

超额利润 ＝ 资本投资效益 － 资本成本

企业经营活动是人员、物资和资本的运作过程。经营者的职责是获取大量的经营资源，创造一定的产出，而且产出要高于投入。经营者聘用大量员工，让他们可以安心舒适地工作，为企业创造高额利润，同时通过采购原材料，增加附加值来提高客户满意度。经营者创造附加价值指的是他们从股票市场获利和获得银行融资后，创造出更多的产出，即资本投资效益。具体数字可参照日本一桥大学名誉教授伊藤邦雄主持发布的《伊藤报告》，这份报告呼吁企业要将净资产收益率水平至少提高到 8%。

大家或许已经了解，会计账簿上的利润与税务审查上的利润是不同的概念。企业审计师看到的利润和税务局关注的利润是不一样的。而严选型投资者关注的利润又和他们都不一样，它是三方共赢所需的利润，是一种超额利润。

企业越发展，资本水平越脆弱

对日本企业来说，资本成本以及超出资本成本的超额利润还都是比较新的概念。但是，今后一旦这些概念渗透到经营管理中，就会让企业的经营理念变得焕然一新。换言之，这是一种迥然不同的价值观，与迄今为止人们习以为常的"公司规模发展＝价值提升"的观念大相径庭。或许有人对我的观点不以为然，表示既然企业发展了，企业价值难道不是越来越高吗？

现在我来为大家解释一下。请回顾一下第 1 章中出现过的复利经营图。复利经营将再投资和时间轴的概念引入到单年收益中。企业通过维持高收益，使投入本身（图表中表示投入资金的圆环大小）呈指数级增长，这就是复利经营（见图 2-1）。

换言之，在能够创造出超额利润的经营模式下，圆圈会不断扩大。那么怎样才能做到这一点呢？第一步，投入资金，这部分相当于资本成本。第二步，公司利用投入资本来获利。从投入资本的角度来看，即创造出某种资本投资效益。

现在的问题是，创造出的投资效益是否超过了资本成本？如果超过了（即创造出了超额利润），那么超过的部分将追加

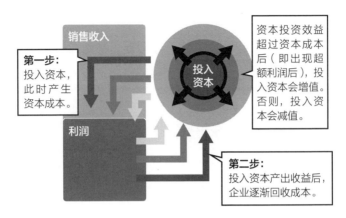

图 2-1　超额利润与复利的关系

到原来的投入资本中，投入资本就会膨胀。追加的投入资本将再次用于业务发展，如果能继续产生超额利润，那么超额利润将再次追加到原来的投入资本中，就这样不断地循环上升，结果就是投入资本会像雪球一样越滚越大。时间越长，投入的资本就越大，价值就会不断增值。

反之亦然。如果第二步创造的投资效益低于第一步的资本成本，那么超额利润为负数。如果把负的超额利润追加到原来的投入资本中，那么投入资本就会不断减少。减少的投入资本将再次投入业务运营中。依此道理，负的超额利润将不断追加到投入资本中去。结果就是投入资本迅速缩减。在无法创造超额利润的经营模式下，珍贵的投入资本会被不断地蚕食削弱。

· 如果没有产生超额利润，企业价值将呈指数级缩减

投资者认为，企业规模的增长不等同于企业价值的增长。

当然，企业发展了，它的价值的确会水涨船高，但是这需要满足严格的前提条件。

如果一家企业不断创造出超额利润，那么它的价值肯定会随着企业的发展而提升。在这种经营模式下，资本投资效益（产出）超过资本成本（投入），产生的利润被重复地放到投入资本中。随着企业的发展，投入资本会越来越多，再加上复利效应，投入资本将呈指数级增长（见图 2-2）。

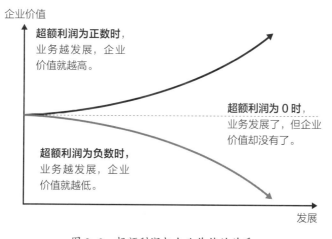

图 2-2　超额利润与企业价值的关系

反之，如果一家企业无法创造出超额利润，那么随着企业规模的发展，企业价值会加速缩减。因为资本投资效益（产出）无法超过资本成本（投入），超额利润为负数，所以企业越发展，投入资本就越薄弱，再加上负复利效应，投资资本将呈指数级缩减。在这种情况下，企业就不能再扩大规模了，因为企业越发展，就越远离三方共赢。

·如果现在无法创造出超额利润，那么将来也很难创造出来

如果一个企业无法获得超额利润，那么从三方共赢的角度来看，它所谓的发展并非真正的发展，而仅仅是扩张。

一个很残酷的事实是，一个企业如果现在无法创造出超额利润，那么它将来也不会创造出超额利润。有许多公司都设定了雄心勃勃的中期计划以满足股市的增长预期，但如果当前的超额利润为负数的话，那么即便为了企业发展而进行了投资，其回报收益也很可能会再次低于资本成本。

被誉为"投资理论奠基人"的本杰明·格雷厄姆（Benjamin Graham）曾说过："按照过往的经验，只取得二流业绩的公司，不可能在旧的管理窠臼里，用股东的钱实现扩大再生产，股东也不太可能会从中获利。"

提高资本投资效益，使之能够覆盖资本成本，换言之，就是创造出超额利润，这是致力于三方共赢的经营者的责任。如果说复利经营为我们定义了三方共赢管理模式的 OB 区，那么它的球道区标准就是提高利润水平，创造出超额利润。

专栏　日本企业的超额利润处于什么水平

安倍政府推动的治理改革无疑提高了经营者对资本投资效

益的重视程度。但实际上，日本企业的超额利润水平仍然低得可怜。

将净资产收益率这一典型的资本投资效益指标用分布图表示出来后，我们可以看出，过去 10 年间，在东京证券交易所一部上市的企业中，有半数以上的企业没有达到 8% 这一普通股权资本成本水平。代表日本经济水平的上市公司中，10 年间有半数以上的企业产生了负的超额利润，这一事实令人震惊。

日本企业就总体而言（包括重要的养老金在内）采取了"通过牺牲收益来换取低风险"的资金募集方式，但结果并不理想（见图 2-3）。

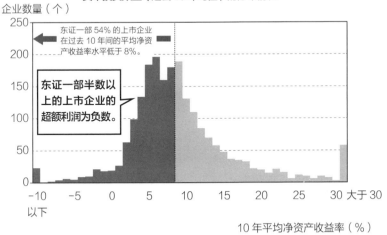

图 2-3　东证一部上市企业超额利润产出情况

日本股市长期低迷的根本原因在于资本投资效益长期以来

一直未能超过资本成本。只要长期存在这种超额利润为负数的经营结构，我们就可以预见，日本股市在今后相当长的一段时间内仍将处于低迷状态。

从逻辑上推断，这一事实将导致一个可怕的结论：如果日本企业长期维持当前的经营模式，那么企业越是发展，参与者的财富就越会缩水。

·经营者应以豁达的心态来看待超额利润

在本章中，我们解释了超额利润概念对于三方共赢模式的重要性。资本成本的计算是财务理论的中心议题，许多财务教科书也都详细解释了不同前提下的各种算法，很值得一读。

尽管如此，我却并不认为将精力都放在计算资本成本上是明智的做法。与其认真计算资本成本，努力把数字精确到小数点后的位数，还不如把全部精力都放在提高投资效益上，这才是经营的本质，而且这种做法也更具建设性。

说得再夸张一点，企业经营者甚至无须太精确地计算资本投资效益。那些精细的计算交给专业人士去做就可以。致力于三方共赢模式的经营者必须要去考虑那些更困难且更具有本质意义的经营思维和技巧，例如业务经济性、业务壁垒与业务构想等。这些也都是贯穿本书的重要论点。

创造价值才是经营王道，在您深刻了解这一点之后，我将在不涉及财务理论的前提下，介绍如何创造出超额利润。

· · · 第 2 章总结 · · ·

1. 在本章中，我们提到了严选型投资者追求的利润水平与普通利润水平有所不同。复利水平至少要保证能够创造出超额利润。这就是三方共赢经营模式的球道区。

2. 超额利润是一个尚未渗透到日本管理领域的概念。如果资本投资效益无法覆盖资本成本，那么无论企业怎样发展，参与者的财富只会变得越来越少。这种逻辑很新颖，却也很残酷。

3. 经营者要想做到三方共赢，就要创造出超额利润。想要提高企业的股票价值，经营管理的球道区就应缩小到这个范围。

4. 虽然从投资者的角度来解释三方共赢经营模式的逻辑并不容易，但是我们终于在前两章中讲完了。在之后的章节里，我将直截了当地切入管理理论，阐述如何在设定的球道上挥杆击球，不断产出超额利润。

第二部分

使业务具备
压倒性优势

要实现三方共赢，那么对企业股价影响较大的业务必须具有压倒性优势。这就要求企业做到"壁垒经营"（约等于"复利经营"）。本书的第二部分讲述的正是这些内容，因此第二部分非常重要。

　　不过，这里所说的"压倒性优势业务"并不单指利润高、市场占有率高的优秀产品群。以下我们将利用四个章节的篇幅，详细说明什么样的业务才能实现三方共赢。

第3章

首先要保证足够的利润率——业务经济性

···

我们已经了解，三方共赢经营模式的球道区是超额利润。那么从现在开始，我将为大家介绍稳定创造超额利润的具体步骤。本章我们要讲述的步骤是"首先要保证足够的利润率"。要想创造超额利润，企业的利润率就必须高于业内平均水平，其逻辑出发点就是"业务经济性"。本章将针对这一概念展开论述，旨在为后述步骤打下坚实的基础。可以说，业务经济性是创造超额利润的必杀技。

插一句题外话，经营顾问是一个相当不合理的职业，尤其是我长期从事的企业战略咨询工作。这一行直到不久前都在严格遵守着"一个行业，一个客户"的职业道德准则，因为它会涉及企业经营战略，这是企业最不想被其他公司知道的商业机密。这就意味着当别人向你咨询经营战略时，你其实对他所在的行业毫不了解，或者说你原本就不应该了解太多。尽管如此，经营顾问还是从客户那里收取了一大笔咨询费，这一点的确有些奇怪。

　　我曾在美国做过企业战略咨询工作。当时的情况更糟糕，我除了对该行业一知半解外，在语言上也有很大障碍，我很担心自己会无法胜任这份工作。在了解我的情况后，老板对我说了一段话，这段话直击要害，给我带来了巨大冲击，而且给我的职业生涯带来了决定性的影响。

　　老板说道："你听着，中神，咨询顾问不应该跟客户讨论他所从事的具体行业。因为咨询你的人都深谙该行业的规则，是该行业中的行家。你如果问他具体从事哪个行业，那么行业经验丰富的客户就会滔滔不绝地讲述起自己的行业情况，而我们作为行业门外汉就只有听的份，完全丧失了主动权。咨询顾问这个职业绝对不应该跟人讨论具体业务层面的问题，因为在这种讨论中你可能会破绽百出。另外，你的英语说得也不够好，那么这样一来你只能自讨苦吃。"

　　他还说："不过，中神，我建议你笼统地问对方从事哪类生意，这样你就足以应付了。"

　　"您做哪类生意"是一个抽象化、模式化的问法。世上的业务种类不计其数，我们只需把它们做一个抽象化处理，就大概能够理解客户的工作了。这时，你就可以与其他行业做横向对比，跟客户讲明它们的异同点，并针对该企业的战略提出建议和意见。这样你就掌控了对话的主动权。

🐟 所有业务都可以划分为四种类型

理解了以上要点后，我们在和客户交流时就可以应对自如了。比如，我们在听完客户的介绍后，可以这样回复他："原来如此，听了您的话让我受益匪浅。请问您做的是哪类生意？"这样一来，不管对方是多么老道的经营者，也不管我的英语有多么蹩脚，他都会尊重我的意见。

从那时起，我管理咨询顾问的职业生涯有了很大起色。而我在刚工作没多久就成为公司合伙人也大概得益于这种把业务抽象化的思维方式。在当时高强度的工作压力下，我必须将这种思维方式牢牢地刻入身体。

把各种具体业务进行抽象化、模式化处理可以让经营咨询顾问的工作做起来得心应手，但这并不意味着掌握这种方法就万事大吉了。世界上的业务数不胜数，经营咨询顾问要避免谈论某项具体的业务，要对它进行抽象化处理。那么，在抽象化处理方面有没有什么好的方法呢？有没有好的方法可以把这些业务一下子都分清楚呢？答案是肯定的。这个方法就是业务经济性框架，同时它也是本章要讨论的主题。要理解这个框架，我们首先要明白一件事：尽管世上的业务数量多如繁星，但从赢利方式来看，世界上只有四大类业务。

战略咨询顾问的职责就是协助客户提高收益，所以把众多业务按照其赢利方式进行归类，对战略咨询顾问来说再熟悉不过。我们在前文中讲过，战略咨询顾问必定是这个行业的门外汉。那么作为行业门外汉，他们如何让客户心甘情愿地支付高额咨询费呢？秘密就藏在这个框架中。

我们先不管销售额和资产规模，只需将业务规模置于横轴上，把赢利能力（利润率）置于纵轴上，那么世界上的所有业务就会被自动分为四类（见图 3-1）。换句话说，我们可以从两方面进行判断区分：一是业务中差异化要素的多寡，一是业务规模大小与业务优势之间的关系（即规模经济是否起了作用）。

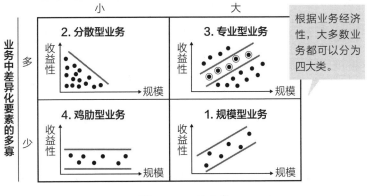

图 3-1　四种业务

这是波士顿咨询集团在很久以前开发的一个名为"优势矩阵"的框架，这个框架用起来很方便，它可以从利润结构的角度将各种业务进行抽象化和模式化处理。不过大众却很少知道如此便捷的分析工具，这一点实在奇怪。

虽然它并不广泛地为人所知，但是在我看来，无论是对于企业设定业务战略（即怎样才能让业务赚钱），还是对于帮助企业创造出不少于行业平均收益的收益，实现三方共赢，这个框架都是最基本的思维模式。

·赢利类型 1：规模型业务

第一种业务是"规模型业务"（如图 3-1 右下部所示）。企业的业务规模越大，则利润率就越高（产生规模效应）。世界上有各种各样的行业，每个行业内又有各种各样的企业。有一种行业具备这样的特点：销售收入越高，资产规模越大，利润率就越高。这就是所谓的规模型业务（它们的利润额自然是增加的，不过在这里我们强调的是利润率的提高）。

或许有人会认为，业务规模大了，经济效益自然会不错，这不是很正常的吗？但事实并非如此。某些企业的业务规模越大，效益反而越低（如图 3-1 左上部所示）。我们称它为"分散型业务"。事实上，属于这种类型的业务数量比规模型业务更多。确切地说，这是一种规模不经济业务。关于这一点，我在后文中会详细说明。

请看以下具体实例（为了明确表示出图 3-1 中各部分各自不同的业务经济性，我选取了能充分体现该类型特点的历史数据，利用它们制成散点图。我之所以使用历史数据而不使用现在的数据，是因为当今各行各业的竞争已趋于白热化，出于现实方面的考虑，我选择了使用历史数据）。

首先，让我们以男装连锁业务为例。如图 3-2 所示，横轴是销售收入，纵轴是营业利润率。在这个行业中，很显然规模经济正在发挥作用，因此只有少数企业存活了下来。

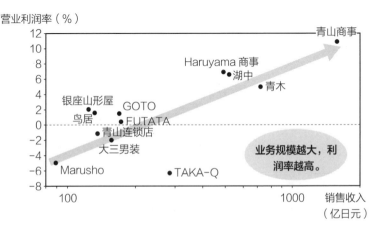

图 3-2　男装连锁行业中规模与利润率的关系

· 赢利类型 2：分散型业务

规模型业务本身的差异化要素较少，而且规模越大，竞争优势就越明显，所以最后只有那些规模较大的参与者才能存活下来。相反，在分散型业务中，业务的差异化程度较高，且业务规模的大小对企业赢利能力的影响并不明显，因此该行业内往往会形成众多小型企业长期林立的局面。

请看食品批发行业的散点图（见图 3-3）。很显然，规模经济在这一行不起作用。企业规模越大，利润率反而越低。由此可见，与男装连锁行业不同，食品批发行业内参与者林立，大家各显神通。

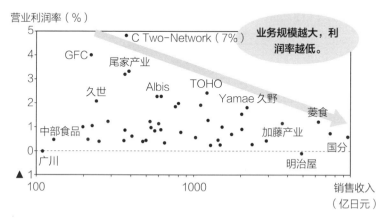

图 3-3　综合食品批发业中规模与利润率的关系

注：C Two-Network、Albis 公司的销售收入为批发部与零售部的合计金额。

·赢利类型 3：专业型业务

还有一种专业型业务（如图 3-1 右上部所示）。乍一看，它与有着众多参与者的分散型业务没有什么差别，但实际上在某一特定领域（如产品、区域等），它又彰显出了规模效应。

以医药行业为例。与分散型行业一样，专业型行业内也有很多企业，从整体上看，规模经济的作用空间在这一行业内似乎并不太大。但如果仅就非处方药制造商来看，我们会发现其实规模经济在这一行业内实际上发挥着重要作用。例如在某一特定领域，我们在对比不同规模的企业后，发现企业规模与利润率成正比。因此，在专业型业务领域中，规模经济看似不起作用，但在某些特定领域内实则发挥着重要作用（见图 3-4）。

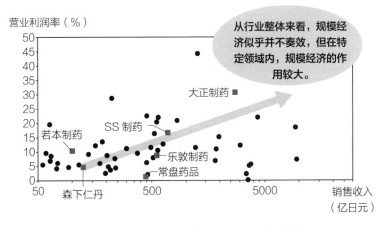

图 3-4 医疗用品行业中规模与利润率的关系

· **赢利类型 4：鸡肋型业务**

还有一种怎么做都赚不到钱的行业。其业务差异化程度低，规模经济对其不起作用，每个企业都满足于低利润水平，我们称其为"鸡肋型业务"（如图 3-1 左下部所示）。此类型的行业特点是，该行业的企业虽然有办法破局，但只要不改变目前的业务模式，谁都赚不到钱。

以造纸 / 纸浆业为例。该行业内的企业不论规模大小，它们的收益率都仅有 0%~5%。这类企业若要提高利润，就必须推动业务转型（见图 3-5）。

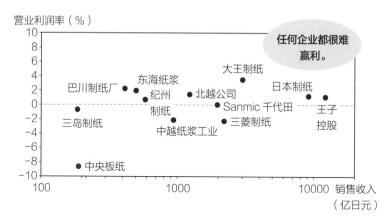

图 3-5　造纸 / 纸浆业中规模与利润率的关系

📖 成本结构决定了业务独特的赢利模式

做好业务分类之后，我们将看到业务经济性的魔力。每个行业几乎都有自己的赢利规则，如果逆向而行，企业很难达到行业的平均利润率，更不用说创造出超额利润了。

为什么每种业务都有自己的赢利规则呢？这都是因为它们有着自己独特的成本结构。我们首先来看看图 3-6 中的分摊成本和专属成本，以及它们与规模经济之间的关系。

我们可以通过多种方式来开拓业务，扩大企业规模。其中最常见的方法包括增加客户数量、拓展业务范围、开发新产品等。

企业在经营活动中会产生各种成本，其中有一种成本不会

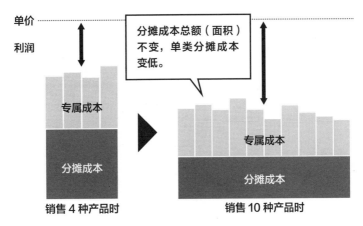

图 3-6 分摊成本比例较高时，规模经济可以奏效

随着客户的增加、业务区域的拓展、产品种类或数量的增加而增加，我们称之为"分摊成本"。这类成本类似于固定成本，但分摊成本的特点是需要所有业务来共同分摊它（固定成本通常是由单一产品或业务部门产生的）。与之相对的是"专属成本"，指的是在增加客户数量、拓展业务区域、开发新产品时各自额外花费的成本。

图 3-6 左侧显示有 4 种产品在售，其分摊成本由所有产品共同分担，而专属成本由每种产品单独来承担，它们与商品的价差构成了商品利润。图中右侧是销售 10 种产品时的成本对比情况。虽然产品种类增加了，但由全体产品共同承担的总分摊成本却没有变化（即深灰色矩形部分），相比左侧部分，则每种产品的分摊成本降低了，所以最终企业的整体业务利润率提高了。从图中我们可以得出结论，要想让整个企业发挥出规

模经济的作用，那么在总成本中分摊成本必须占据相当大的比例。因为如果分摊成本的比例过低，那么即使增加产品种类，分摊成本的摊薄速度也跟不上，因此企业利润率仍然不会有很大改善。

规模经济的运作机制

如图 3-7 所示，我们在初步了解分摊成本和专属成本之后，将结合具体业务来做进一步讲解。

让我们首先来看一下分散型业务的成本结构。我们以批发业为例。因为从事批发业的企业往往视客户不同而采取不同的定价策略，所以，客户不同，他们的成本也不相同。这样一来，他们在与单个客户打交道的时候，企业的成本就很高（即专属成本比例很高）。在这种成本结构下，尽管公司整体的销售收入增加了，但是针对每个客户的额外成本也会增加，规模经济在这里完全行不通。企业有的时候还会出现针对单个产品而产生的专属成本，例如单个产品的专属采购成本和促销成本等。所以企业的整体规模无论如何扩大，规模经济都难以发挥作用。

尽管这种业务也存在广告费、制造费、研发费等分摊成本，但从其整体成本规模来看，其分摊成本的比例并不算高，相对而言，专属成本的比例却很高。因为为了提高销售收入，

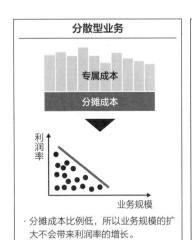
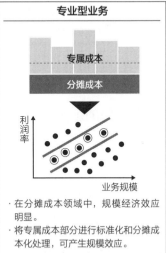
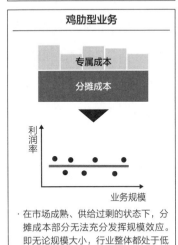
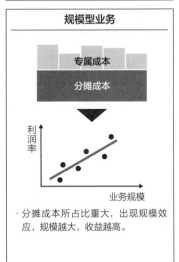

图 3-7 成本结构不同，赢利方式也不同

企业需要在每个产品、地区或客户上花费额外的成本，而这些都构成了专属成本。因此，即使整个公司的规模在扩大，其企业利润率也不会提高。在这种成本结构下，一旦企业规模扩大，其分支机构之间的协调成本和区域之间的管理成本就会变得相当高昂，公司内外的沟通成本也会增加。也就是说，企业会因管理成本的增加而导致利润率下降。这就是此类行业的业务经济性机制。

其次是规模型业务，它的成本结构特点是分摊成本的比例较高。它的广告费用虽然高昂，但却可以推广至全国，不需要针对个别产品而花费大量的宣传费用。在这种成本结构下，单个产品的销量越大，则整个企业分摊的广告成本就越低，就越能彰显规模经济的效应。

以前文中曾提及的男装连锁业为例。这类行业虽然需要拥有较大的门店，但开店费用可以覆盖到各单品的分摊成本中。单件服装虽然也会产生专属成本，但与开店产生的分摊成本相比，显然要少得多。而且在商品售出后，分摊成本会被摊薄。因此企业的规模越大，利润率就越高。

·多元化经营协同效应理论容易忽视的陷阱

然后让我们来看一下专业型业务。以前文中提到的制药业为例，其基础研究经费（R&D 经费中的研究经费，即 R 部分）和销售网络运营费用是企业的分摊成本。这些分摊成本不会随着产品销量的增加而增加，因此企业可以通过增加产品销量来降低单位产品的成本。但是要注意的是，在药品（包括非处方药和处方药）领域，开发成本（R&D 经费中的开发成本，即 D 部分）几乎不可以被分摊。此外，非处方药要面向普通消费者开展市场营销，因此需要投入大量的广告成本和促销成本。处方药则要向医生进行推销，也需要投入较高的销售成本。而这些都是无法分摊的成本。如果非处方药的制造商进入了处方药市场，那么这些费用也无法成为分摊成本，而是成为新的专属成本。

即使都是处方药，心血管药品的开发成本与消化系统药品的开发成本之间也无法相互分摊。这样一来，企业如果拓展业务领域，提高竞争力，反而会导致其成本增加。这是因为在专业领域内追求规模效应是违反此类行业的业务经济性原则的。在医药品行业内，各个领域都有独霸一方的企业，该现象正是这种成本结构的集中体现。

一个企业如果拥有这种成本结构，那么它除非确定哪些成本可以被分摊，而且它还需要以压倒性的专业化优势获得绝对的市场份额，否则就难以提高其赢利能力，最多只是规模扩大而已（这就是"多元化经营协同效应"理论中容易被忽略的陷阱）。

前文中提到的鸡肋型业务从根本上来说是规模型业务，而且是规模型业务的终极形式。其成本结构与规模型业务相同，因为分摊成本高，所以参与者都认为"只要增加销售收入就会提高利润率，就会对竞争对手产生压倒性优势"。因此各企业纷纷追加投入，力图在规模竞争中取胜。最后导致整个行业供过于求，谁都赚不到钱。

·如何赢利取决于成本结构和分摊成本的范围

以上，我们依据一种简单的机制将所有业务分成了4大类。这种机制就是确定"你的业务是分摊成本高还是专属成本高"（即成本结构），以及"如何摊薄成本"（在成本可分摊的范围内扩大经营规模）。

企业如果对这些理论没有深刻的理解，只是盲目追求扩大规模，扩展业务领域或产品种类，那么它不仅不会创造出超额利润，甚至都难以维持业内的平均水平。在不同行业赢利能力的散点图中，大箭头表示的是"规模和赢利能力回归线"，那些位于箭头下方的企业，它们经营的业务很可能无法赢利。请您也试着画一下您所在行业的赢利能力散点图，尝试着分析一下您的公司经营处于哪个位置。

业务经济性决定企业的竞争结构与经营战略框架

业务经济性具有非常强大的作用，它不仅决定了企业的利润结构，还直接决定了企业的竞争结构和经营战略框架（见图3-8）。

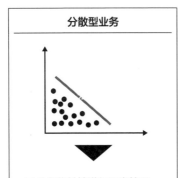

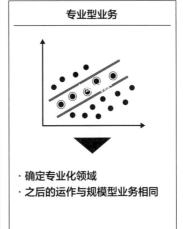

分散型业务	专业型业务
· 对业务收益性进行日常管理 "每日核算" · 经营过程中 要对店铺、商品与顾客的管理做到面面俱到	· 确定专业化领域 · 之后的运作与规模型业务相同

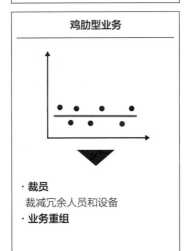

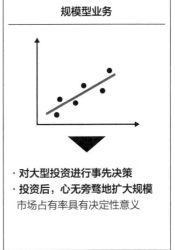

鸡肋型业务	规模型业务
· 裁员 裁减冗余人员和设备 · 业务重组	· 对大型投资进行事先决策 · 投资后,心无旁骛地扩大规模 市场占有率具有决定性意义

图 3-8　业务经济性决定战略构成

·规模型业务的经营战略

如果公司从事的是规模型业务，那么企业的规模越大，就越能彰显规模效应，利润率就越高，所以此类企业几乎都会自动进入到扩大规模的竞争之中。企业在前期会争先恐后地进行大量投资，形成一定的规模，中后期也会不断地追加投资，保持规模优势，以期形成强有力的竞争格局。不少企业会在前期采取低价策略，抢占市场份额，后期则在保持规模优势的基础上抬高价格，以此来获取高额利润。

随着规模化竞争愈演愈烈，在优胜劣汰机制之下，弱势企业会陆续离开这个行业。因此，规模型行业中幸存下来的少数企业将会继续展开更加激烈的竞争。

下面我们来看一些真实案例。

我在做管理咨询顾问的时候，曾和现在的 IGPI 会长富山和彦一起做过早期手机运营业务的咨询项目。从事手机运营业务的企业在前期需要投入大量资金，这些资金往往被用于建设基站、打造销售网络（例如设立分支机构和寻找代理商）、搭建合同管理系统和计费系统。这些投资都属于企业的分摊成本，公司必须尽早地回收这些投资。为此，公司首先必须要获得大量客户（即确保规模），然后通过客户每月缴纳的通话费来回收客户开发成本（即一种以长期使用为前提的长期成本回收型业务）。

人们在这里容易陷入一个误区，以为可以用较少的投资慢慢把公司发展起来。比如企业在进入行业之初，会通过控制基站数量，缩减投资规模，以达到尽早回收投资的目的。然后随着业务的开展，逐步回收投资，再用获得的利润继续追加投资，建设更多的基站。这样企业就可以在不扩大赤字规模的前提下，逐渐扩大业务规模。乍看之下，这似乎是一种非常理性的投资策略。但其实这种策略是行不通的。因为手机运营业务不同于其他业务，它有自己的特点。手机业务需满足客户移动通信的需求，而减少基站数量会导致服务区域狭窄（尽管只在前期受影响），于是客户显然不会选择这样的服务商。虽然企业控制投资规模，以期早日回收投资的想法可以理解，但是这种想法是完全错误的，必须彻底予以抛弃。企业必须要做好长期背负巨额赤字的心理准备，在通信网络的建设上大胆进行投资，为了获取更多的顾客，要不计成本地打开局面，以确保在起步阶段就确立自己的竞争优势。

富山和彦当时制定的战略是"谷深山必高"。作为新的参与者，富山和彦大举投资网络建设，使他的公司在网络建设方面取得了压倒性优势，做到了网络覆盖区域最广。同时他投放了大量广告，一举斩获了较大的市场份额。当时市面上每部手机的售价高达数万日元，针对这种情况，富山和彦根据手机运营行业的业务经济性做出了冷静判断。他采取了"入网赠手机"的营销策略，顺利地获得了大量的忠实客户，达到了预期的业务规模。这一进场策略大获成功，他的公司入市后的月度市场占有率长期位居第一位。在这种经营策略下，虽然"谷"（即单年度赤字）深，但却一举建立了坚实的客户基础，使企业能够有效地摊薄分摊成本，所以"山"（即后期收益）就会越来越高。事实证明，富山和彦的经营战略帮助公司比预期更早地实现了单年度赢利，消除了累计赤字。

在20世纪90年代初的日本，手机运营业务还处于黎明期，几乎没有人会认真去做。但像富山和彦和现任 Misaki 投资公司的首席信息官麻生武雄这样的优秀战略投资家，他们敏锐地意识到该行业属于规模型行业，应该从其行业本质中去寻找收益点，因此他们向客户公司的社长提出了这个庞大的投资战略计划。

·分散型业务的经营战略

前文中分享了规模型业务的战略案例，接下来让我们分析一下分散型业务的竞争结构与业务运营法则。这类行业很容易出现规模不经济的问题，因此最好不要扩大业务规模。因为在业务规模扩大了之后，企业利润率反而会下降。

这类行业不能冒险扩大规模，而是需要从客户、产品或业务区域的角度来关注每一处成本细节，进行日常的业务调整。如果一个曾经赢利的产品不再赢利或者专属成本变得越来越高，那么就应当立即停售该产品，更换新产品，以期维持和提高产品的利润率。

·专业型业务的经营战略

如果我们把范围限定在某领域内，那么专业型业务与规模型业务具有相同的竞争结构。即领域内会出现规模竞争，最后少数企业胜出，在胜出的企业之间会继续发生竞争。这种行业的经营战略是专注优势领域，并且仅在该领域内投入可分摊成本，并仅在该领域内扩大市场份额。企业通过建立庞大的客户群来降低分摊成本，确保利润率。

虽然专业型业务有自己特殊的成本结构，但是仍然有部分企业只追求销售规模，将业务扩展到多个领域。如果企业采取这样的经营战略，那么它的利润率就无法达到行业平均水平（那些所谓的企业集团多采取这种重视销售额的经营模式）。从事专业型业务的企业盲目扩大经营范围是一种自杀行为，请各位经营者务必对此保持清醒的认识。

·鸡肋型业务的经营战略

鸡肋型业务原本就属于规模型业务，因为行业整体供过于求，所以谁都赚不到钱。常用的解决办法是裁员、精简设备、减少产量。当然，进行行业重组也是一个选项。

另外还有一种方法是采取合作战略。例如企业之间互相协商调整产量，划分销售区域等。虽然这样做可能会被看作卡特尔❶，而且与竞争对手展开合作的难度也很高，但我仍然认为鸡肋型行业应该尝试一下（此处可以参考"合作博弈"这一经济学博弈理论，有兴趣的读者可尝试着研究学习）。

🍵 了解业务经济性，赢得战略先机

到现在为止，我们都是从静态层面或者从业务调整理论层面来谈论业务经济性的。事实上，业务经济性原本就应该与业务发展阶段结合起来，实施动态应用。

我们在前文中提到过，在手机运营业务的起步期，成功的企业家制定了"谷深山必高"的进场战略。我们必须保证在进场后的第一时间就争取到大量客户，为此，我们可以不惜成本，采取各种方法，最大可能地争取入网客户，这是第一要务。这就是战略的第一阶段：全力开发客户。

但是，当入网客户的数量达到一定程度，手机的普及程度提高后，入网客户的增长速度会明显放缓。同时，随着客户对通话质量和服务质量期待值的不断提高，因对服务不满意而流失的客户也在增多。那些在战略第一阶段通过略显粗暴的方式而获得的客户会开始毫不犹豫地退网。

手机运营业务虽然是规模型业务，但同时也是长期成本回

---

❶ 即垄断联盟。——译者注

收型业务，它的存续前提是客户的长期在网。如果客户在成本回收期间内退网的话，会极大影响到公司的收益（在我担任咨询顾问期间，我计算出每位客户至少需要在网13个月公司才能收回成本）。因此，我们必须将思路从战略的第一阶段转变为战略的第二阶段，在争取新客户的同时，也要防止老客户流失，即控制客户的解约率。为此，我们要提高客服电话和门店的服务质量，对客户流失的原因进行详细分析，识别出流失风险高的客户，采取多种措施来提高客户满意度。

通过不懈的努力，在客户流失率稳定下来之后，公司就必须立即进入战略第三阶段，即提高产品单价阶段。企业通过提高每份合同的单价来缩短其投资回收期，这是成功回收长期投资的关键所在。

在业务发展初期，各大移动运营商利用"0日元购手机"策略扩大了市场份额，之后他们又慢慢推出了更多的长期合同和家庭套餐、固话绑定套餐等优惠措施，努力降低客户流失率。最近都科摩 ❶ 公司的网络商店"dmarket"、KDDI公司的内容应用分发商店"au Smart Pass"和支付软件"au PAY"等企业都在尝试提高产品单价。关于手机运营业务前期投入的巨额成本、开发每个客户的成本、以长期在网为前提的成本长期回收业务等，如果您了解了这些，就可以理解为什么电信运营商

---

❶ 全称为 NTT DOCOMO，日本领先的电信公司。——编者注

要提高产品单价了。

致力于三方共赢的经营者不仅要了解业务背后最基本的业务经济性机制，还要能提前预测业务发展的不同战略阶段，采取恰当的措施来赢得先机，否则甚至会无法保证使企业的利润率达到业界平均水准。

🖐 手机业务和人寿保险业务有哪些共同点

在上一节内容中，我们讨论了在特定业务中经营战略的动态调整问题。接下来我们会介绍一个新的案例，它告诉我们，当你掌握了业务经济性这一框架后，你就可以横向展开战略构思，把业务拓展到另一个领域，哪怕这个领域无论是市场还是流通渠道都与原有业务截然不同。

手机运营业务在经营战略上主要分为三大阶段。第一阶段：保证客户入网数量；第二阶段：降低客户流失率；第三阶段：提高每份合同的单价。事实上，除了手机运营业务之外，还有很多业务也都适合这种三步走的战略。

例如人寿保险业务。在人寿保险业务中，企业在业务初期需要投入巨额资金来开发业务模式和信息技术系统，构建起公司的营销网络。随着签约客户数量的增加，还要投入更多的成本来雇佣客户经理以维护和拓展业务。企业会与客户签订超长期的投保合同，依靠客户每个月的保费来回收成本。

　　从业务经济性的角度看，寿险业务与手机运营业务在结构上完全一致：前期投入巨大，每个客户都会产生签约成本，而且收回成本的前提都是客户的长期使用。当然，它们的业务规模并不相同。我们在前文中说过，手机业务中客户签约成本的回收期是13个月左右，而就我参与过的人寿保险业务而言，其成本回收期是7年左右。

　　手机运营业务和人寿保险业务看似毫不相关，而且它们的业务规模也完全不同，但从业务经济性这一框架的角度来看，两者在形态上完全相似。二者在业务开发初期，为了形成客户规模，都要做好背负严重赤字的心理准备。在积累了一定规模的客户之后，它们会采取措施来降低客户流失率，之后再提高每个客户的单价，进而实现赢利，完成战略闭环。

　　我在做了很长时间的手机运营业务战略咨询工作之后，又开发了一个从事人寿保险业务的大客户。我提前为他们预测了业务战略发展阶段，帮助他们取得了很好的经营业绩。这一切都是因为我明白业务经济性能决定企业的竞争结构和战略框架。

　　以上就是我取得的一些不值一提的小成绩。现在让我们回到正题，在本章中，我要表达的观点非常明确：如果企业的经营战略不以业务经济性为依据，那么它的经营会很难达到行业的平均利润率，就更不用说获取超额利润了，自然也难以享受到复利收益。我希望以三方共赢为目标的经营者们能够深刻地理解业务经济性框架，根据自身的企业类型、战略阶段和旗下的不同业务群，制定合理的经营战略，在市场上游刃有余地创造出高额利润率。

日本企业净资产收益率较低的真正原因

我们一直在讲的"业务经济性"具有简单而强大的逻辑，问题是在现实中这个逻辑是否已经普及到各个企业的经营管理中了呢？很遗憾，答案是否定的。关于这一点，读者可以参考以下数据。

我们将第 1 章中典型的资本投资效益指标中的净资产收益率分解为三个要素，于是便可以准确地看到问题的核心。请看下面的杜邦模型：

净资产收益率＝（净利润率＝当期净利润／销售额）×（资产周转率＝销售额／总资产）×（财务杠杆比例＝总资产／股东权益）

日本、美国和欧洲上市公司的净资产收益率水平见表3-1。为了减少经营业绩短期波动而带来的影响，我们使用了 10 年这一较长时间跨度内的平均数值。

表 3-1　日美欧资本投资效益要素分析

		净资产收益率	净利润率	周转率	杠杆比例
日本东证股价500指数	制造业	8.2	5.6	0.9	2.4
	非制造业	10.4	5.9	1.0	3.0
	平均水平	9.0	5.7	0.9	2.6
标准普尔500指数❶	制造业	23.8	10.0	0.9	3.8
	非制造业	21.6	9.1	0.9	4.2
	平均水平	22.8	9.5	0.9	4.0
斯托克欧洲600指数❷	制造业	17.0	9.4	0.8	3.0
	非制造业	23.4	11.6	0.9	3.9
	平均水平	19.8	10.4	0.9	3.4

日美欧企业在资本周转率和财务杠杆的比例上几乎没有大的差异。

注：以上数值为2010—2019年实际数值的平均值，不包含金融行业数据和异常数据。净资产收益率、净利润率、周转率、杠杆比例取的是各公司数据的平均值，所以后三者相乘之后的结果与净资产收益率并不一致。

　　毫无疑问，日本企业的长期净资产收益率水平是低于欧美企业的。大致来看，日本企业的净资产收益率水平大约是欧美企业的一半左右。我们在逐一对比杜邦模型中的各因素后发

❶　记录美国500家上市公司的股票指数，这个股票指数由标准普尔公司创建并维护。——译者注

❷　由斯托克公司设计的欧洲股票指数。该指数拥有固定数量的600个成分，代表17个欧洲国家的大型、中型和小型资本公司，约占欧洲股票市场（不限欧元区）自由流通市值90%。——译者注

现，日本企业的资产周转率并不算太低，财务杠杆的比例虽然有点低，但也没有达到最低程度。有一点似乎超出了大众的认知，那就是日本企业在整体上没有持有太多的现金，也没有适当地利用负债等杠杆来帮助运营。

如此分解后，日本企业净资产收益率低的原因就非常清楚了。净利润率，即主营业务的利润率较低，只有欧美企业的一半左右。这对经营者来说是一个很严峻的问题。它说明从10年这一较长的时间段来看，日本企业从业务中获利的能力仅为欧美企业的一半左右，可见经营者并没有很好地尽到职责。

看到这里，相信读者肯定对日本企业经营者提出了这样的质疑：他们是否真正理解、践行了业务经济性这一法则？我们必须意识到，要想做到三方共赢，经营者就必须对业务经济性有深刻的理解，并且要掌握一定的经营技巧，这样才能够创造出不逊于国外竞争对手的净利润率。

· · · 第 3 章总结 · · ·

1. 第 3 章的主要内容是业务经济性，这是企业实现超额利润的第一步。业务经济性有可怕的魔力，它决定了企业的赢利模式和竞争结构，甚至决定了企业的经营管理方针。经营者在深入了解业务经济性后可以为不断变化的战略阶段做好思想准备。此外，战略咨询师如果能够理解不同行业在业务经济性方面的共性，那么即使看起来完全不同的行业，他也可以将经营战略横向铺开，给出能提高企业的赢利能力和利润率的方案。

2. 企业要创造出超额利润，就必须了解该行业的业务经济性，并创造出不低于行业平均水平的利润。如果在规定动作上连预选赛都通不过，那就不要妄谈什么三方共赢了。

3. 业务经济性是一个经典的管理框架。日本企业资本投资效益低的主要原因是自身的业务利润率低。长久以来日本企业的低赢利能力让我们有这样的担心：日本企业经营者可能对业务经济特性有所了解，但是却没有将其诉诸行动。我希望致力于三方共赢的经营者们都能重新认识业务经济性的力量，自觉行动起来，把事业推向新的高度。

4. 经营者要从根本上真正理解业务经济性原理，制定出精准的发展战略，不妨稍稍远离以前从事的业务，以旁观者的视角去审视它，与其他企业进行对比分析，对企业经营状况进行诊断，及时发现经营中存在的不足和问题。正如我在篇首所说的那样，不要去想这是什么生意，而要去考虑这是什么类型的生意。经营者只有将业务进行抽象化、模式化处理，才能制定正确的经营战略。在此后的章节中，我会进一步分析和解释经营者对业务进行旁观与诊断的重要性。请读者朋友们务必记住，这种自我诊断对于实现三方共赢的经营目标来说意义重大。

5. 借助业务经济性的魔力而顺利通过规定动作预选赛的企业，就可进入下一轮的自选动作赛场了。接下来，我将为您介绍怎样做才能创造出远超行业平均水平的利润率，实现超额利润。

第4章

创造高收益率的商业技巧——业务壁垒

···

要实现三方共赢，下一个步骤就是创造并维持业务经营的高收益。我们在理解了业务经济性并顺利完成了规定动作之后，下一步就进入了自选动作环节。企业利润虽然超过了行业平均水平，但是仅凭这一点仍无法实现三方共赢。要做到三方共赢，企业的利润必须要远超出行业平均水平。值得注意的是，这种较高的利润水平往往并不来自竞争优势、差异化、品牌影响力或产品力等常规竞争手段。另外，即便形成了远超行业平均水平的利润，也会引发激烈的行业竞争。如果企业面对竞争不作为，超额利润很快就会消失殆尽，三方共赢也就无从谈起。创造出远超业界平均水平的利润，然后坚守住它，这就是本章所说的"业务壁垒"。

什么是壁垒

本章的侧重点与前一章略有不同。前一章中提到的"效率经营"所依据的是利润表（PL），企业的经营目标是确保销售利润率（ROS）达到业界平均水平。而在本章中，我们不再停留于利润表的范畴，而引入了"投入资本"这一概念，将视野扩大到当前的资产负债表（BS）和过去的利润表中，研究投入资本是如何形成利润的，即如何提高收益率。换言之，本章将从一个新的角度来研究利润的形成机制（见图4-1）。

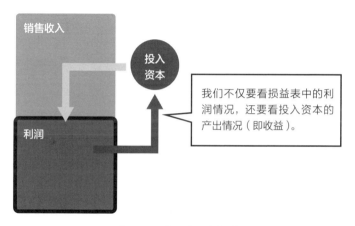

图 4-1　利润的形成机制

不仅如此，本章还将介绍如何维持收益率。企业通过一番努力终于实现了高收益，但如果无法维持住它，同样也无法做到三方共赢。

市场经济提倡自由竞争，一家公司赢利颇丰时，很快就会有新的竞争者参与其中，与之展开激烈地竞争。此时，如果该公司没有形成足以抵御外敌的强大壁垒，那么好不容易获得的高收益率就会烟消云散。现实中的确有很多公司在某段时间内创造了极高的利润，但又在不经意间被竞争者赶上，最后公司的利润水平急剧下降。

根据经济学的理论，企业在完全竞争环境下的利润为 0。也就是说，那些谁都可以自由参与竞争的行业，最终都会陷入 0 利润的状态。

其实壁垒也分很多种。例如准入门槛很高的"准入壁垒"；看着竞争对手做得风生水起，自己极力去模仿却怎么也模仿不好的"模仿壁垒"；很难从当前战略（比如规模战略）转型到新战略（专业化战略）的"转型壁垒"等。

本书将摒弃严格的学术性分类，力图以通俗易懂的语言，让读者了解那些可以抵御强敌入侵，守住企业收益的壁垒。这样一道壁垒可以有效地帮助企业创造并维持较高的收益率。

我下文中将介绍几种业务壁垒。不过，在此之前我想说的是，某些被社会认可的竞争优势，从三方共赢的角度来看其实并不可靠。

🐟 对竞争优势的常见误解 1——差异化经营能够形成壁垒

在壁垒研究方面，很多学者都得出了非常优秀的研究成果。在这里，我着重介绍美国哥伦比亚大学的布鲁斯·格林沃尔德（Bruce Greenwald）教授的理论。据说这位教授的课程在学校里很受欢迎，在修工商管理学硕士的学生中有 80% 的人都会选修他的课程。

　　人们普遍认为差异化经营是企业保持竞争优势的重要因素，但是格林沃尔德教授却认为差异化经营并不能保证企业会获得可持续的收益。下文是格林沃尔德教授的几个观点［节选自《竞争优势：透视企业护城河》（*Competition Demystified: A Radically Simplified Approach to Business Strategy*）和《价值投资》（*Value Investing*）］。

　　产品差异化就像在外就餐一样，天底下没有免费的午餐。企业为了使自己的产品与竞争对手的产品区分开来，必须在广告宣传、产品开发、销售、客户服务、采购、分销渠道和许多其他领域内进行追加投资。

　　正如格林沃尔德教授所说，所有企业都在拼命追求差异化，但他们却要为此付出很大的投入成本。对这一观点我深感赞同。在书中格林沃尔德教授曾这样说道："虽然差异化产品的定价比普通竞品要高一些，但针对差异化经营的投资会导致投资回报率不断下降。最终，当投资回报率达不到合理水平时（即在投入资本回报率低于资本成本时），效率较低的企业就会面临生死抉择。这种问题在产品差异化明显的行业中很常见，例如汽车、家电、零售、饮料、航空和办公设备等行业。"

即便企业通过差异化策略为产品设置了较高的价格，其背后也会花费大量的成本和投资，即投入资本。此处的核心问题是，该投入资本是否产出了足够多的收益？

很多项目都把获得低成本投资和丰富的资金资源看作是自己的竞争优势，但在大多数情况下，这些想法只不过是一厢情愿而已……同样的逻辑也适用于"优秀的人力资源"。

即使某些企业拥有非常优秀的信息技术和人力资源，那也是它们花费了大量的成本而获取的。企业最终获得的收益是否能远远超出其投入成本？对此格林沃尔德教授持怀疑态度。

对竞争优势的常见误解 2——品牌可以形成壁垒

格林沃尔德教授的文章行文犀利，论述简明扼要。在他的数个观点中，最令人惊讶的是他对品牌的看法。他警告世人，品牌不会那么轻易地提高企业收益率。

与一般经营理论所宣扬的观点截然相反，他认为形成竞争优势的要素并不多，而且真正能持续地存在于商业世界中的竞争优势更是十分罕见。

如果没有准入壁垒，从长远来看，企业价值与资产价值最终将是等值的。哪怕企业和产品都受益于强大的品牌形象，这个过程依然如此。

品牌是资产。像其他任何资产一样……它需要利用初始投资来构建它，并需要有持续的投资来维持它已经建立起的形象……大多数品牌的产品都难以维持住自己已经确立的市场地位。

世界上几乎没有其他产品能像梅赛德斯－奔驰汽车一样成功地从同质化产品的竞争中脱颖而出……品牌是区分产品最基本的方式。梅赛德斯－奔驰已成为高端汽车的代名词，这一点已广为世人所知。……虽然这种高端形象得到了世人的认可，但它的品牌力量却并没有很好地转化为高收益。事实上，其业绩表现与各企业都避之而不及的"大路货"没有什么不同。

梅赛德斯－奔驰的案例很有说服力。众所周知，奔驰在品牌差异化方面做得非常好。但即便如此，从逻辑上来讲，其投入资本却并没有产出足够的收益率。长线型投资者们都明白，要想执行一个经营策略总会需要某种投入资本。现在请您回想一下第 1 章中介绍的效率经营和收益经营（见图 4-2）。

重视效率经营的人往往都重视品牌建设，因为品牌可以带来高利润率。事实上，已经确立了市场地位的品牌的确正在产生着较高的收益。

对落败品牌的投资往往会被人们所忽略，人们往往会把

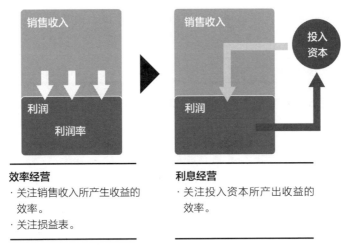

图 4-2 效率经营和收益经营

成功品牌的收益率当作品牌整体的收益率。这种对利润的高估导致了一个毫无根据的结论，即品牌效应是竞争优势的来源之一。

无论在理论上还是在实际业务上，产品差异化和强势品牌都与具有良好收益的业务模式完全不同。

·从收益率的角度来看，投资品牌并不总是物有所值

但是还有一种观点，即只从品牌投资顺利时的结果来看问题。例如那些重视收益经营的人往往关心的只有从投入的资本中获得了多少利润。在他们看来，第一，有必要投入相当多的资金来创建品牌；第二，在会计报表中，在过去阶段投下的巨额资本不会体现到现在的利润表中；第三，品牌虽然得到了顾

客的认可，但其获得高收益的概率却并没有那么高。

现实中有很多品牌投资失败的案例。因为很少有人去关注它们，所以最终人们想当然地认为只要创建了一个好的品牌就能赚钱。但是企业要想创建一个好的品牌，没有一定的投入资本是绝对行不通的。没有多年的广告宣传和促销成本，品牌建设就无从谈起。然而在公司的会计报表中，这些投入资本往往会被记为某一年度的费用，在其他年度的报表中则不会体现这部分费用。对于那些只看当前利润表中品牌利润的人来说，他们往往会忽略之前投入的巨额成本。另外，即便企业在前期投入了大量成本，其产品也不一定会得到客户的认可。就算企业创建了一个品牌，并且得到了消费者的认可，也不应将其与收益率混为一谈。

为本书撰写解说的楠木建教授曾说过："Branded（即已经建立的一个品牌）和 Branding（即开始尝试去创建一个品牌）是两个完全不同的概念。品牌效益好的商品可能正在赚取高额利润，但仅看到这些结果就认为只要创建了品牌就能增加收益，这种想法未免太幼稚了。"

然而，人们对品牌的信仰却是根深蒂固的。格林沃尔德教授一个人的观点或许不足以让世人警醒，所以现在再让我们来听一下投资者的观点。晨星公司股票研究部门的前主管帕特·多尔西（Pat Dorsey）在长期的投资生涯中取得了耀眼的业绩，他为晨星公司的竞争优势分析框架打下了基础，这让他声名大噪。以下内容节选自他的著作《巴菲特的护城河》(*The Little Book That Builds Wealth*)。

关于品牌……最常见的错误是认为知名品牌会给公司带来竞争优势。事实上，这个想法大错特错。只有当品牌可以促进消费者进一步的购买欲望，能够吸引并留住更多的客户时，它才能为产品销售锦上添花。企业要想创建和维持品牌形象，需要花费大量的成本。因此除非可以获得定价权或不断返单所带来的投资回报，否则它不会带来什么竞争优势。

与格林沃尔德教授所认为的一样，多尔西指出，品牌建设需要投入大量的成本，而这并不一定就会产生高收益率。多尔西这样说：

奔驰汽车……一直以质量和耐用著称。但是很难说奔驰汽车在品牌利润上具有优势，因为要制造一辆比竞争对手更耐用的汽车，其花费的成本也会更高。

不管多有名的品牌，如果没有定价权，无法留住客户，那么无论客户对它多么喜爱，它也不具备竞争优势。

我们又提到了奔驰品牌。因为它的确是说明品牌知名度与收益率并无直接关系的绝好证明。从理论上讲，多尔西认为应该明确区分"品牌价值"和"品牌的经济价值"这两个概念。品牌价值，如字面意思所示，指的是购买某品牌产品比其他常规产品所多支付的金额；但品牌的经济价值，简言之，就是企业的投入资本所产生的收益率。比如可口可乐的品牌价值并不高（即它的产品价格不贵），但其品牌的经济价值却很高，因为它凭借业务壁垒（这一点在后文中会进行分析）获得了极高的收益率。

请不要误解我的意思，我没有否认"品牌资产"这一概念。相反，我在国外求学时，师从加州大学伯克利分校的戴维·阿克（David Aaker）教授，他是品牌理论方面的权威专家，提出了举世闻名的"品牌资产"理论。在求学过程中，我深受阿克教授的熏陶和影响。

作为一个品牌信奉者，在这里我想说的是，企业要想创建品牌肯定需要投入资本，而品牌资产能否真正创建出来却是一个概率问题，进而这种资产能否产出较高的收益率，也不是简单几句话就能够说清楚的。

我引用以上材料目的是更清晰地解释"效率经营"与"收益经营"的不同，同时也便于读者更好地理解我的观点。

🐾 对竞争优势的常见误解 3——产品表现与市场份额可以形成竞争优势

除了品牌，还有许多因素被人们看作竞争优势。针对这些因素，长线型投资者提出了许多严厉的批评。现在让我们再看一下多尔西的观点。

根据我的经验，以下几个要素往往会被人们误解为可以充当保护企业的护城河：第一，优秀的产品；第二，巨大的市场份额；第三，精准的业务模式；第四，优秀的管理团队。当人们陷入这四大误区时，企业只是看起来很强大，但实际上并没有真正的竞争优势。

很多企业都热衷于产品研发，营销人员会努力向客户推销这一点："我们开发了非常棒的产品，这是一个全新的产品！"然而，严选型投资者对此总是不屑一顾。

企业很难凭借好的产品来为自己提供护城河般的保护屏障，尽管这样做确实会提高企业的短期收益。例如，克莱斯勒公司在 20 世纪 80 年代首次推出了小型厢式旅行车，它当时的销量非常好，企业赚得盆满钵满。但是后来克莱斯勒公司因无法阻止其他同行开展同类竞争，所以小型厢式旅行车的成功转瞬即逝。我想再次强调的是：如果不深挖"护城河"，守住现有的业务优势，那么竞争对手很快就会大量涌入，抢夺原本应该属于你的利润空间。

不难看出，严选型投资者对突破性产品带来的短期收益并不感兴趣，他们关注的是业务壁垒的高度。因为他们知道，给企业带来丰厚利润的业务领域内很快就会出现强大的竞争对手。

我在从事管理顾问工作时，一直思考怎样才能帮助客户增加市场份额。但在严选型投资者看来，这种想法并不合理。

经济护城河并不是越宽越好。或许有人会认为市场占有率高的公司肯定具备长期优势，但历史经验告诉我们，在激烈的竞争环境中，很难有哪家公司可以长期独领风骚。柯达（Kodak 胶卷）、国际商业机器公司（IBM，个人电脑）、网景（Netscape，互联网浏览器）、通用汽车（GM，汽车）、科立尔（Corel，文本处理软件）等无不如此。

那么企业到底应该怎样做呢？怎样才能为企业建立起牢不可破的壁垒呢？接下来让我们一起来思考这个问题。

真正的壁垒只有三种

乍看之下，差异化、品牌、优秀的产品、市场份额、高效运营和优秀的管理团队似乎都能为企业带来高收益，也都有可能会成为企业对抗外敌的壁垒。不过这些却都被我们一一否定了。那么一家企业真正的优势和真正的壁垒到底是什么呢？在充分参考了格林沃尔德教授和多尔西等投资家的观点之后，我给出了自己的评价标准（见图4-3）。

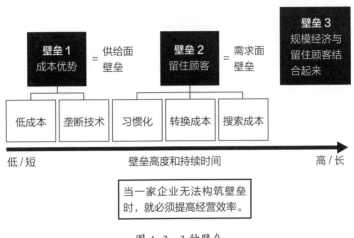

图4-3　3种壁垒

可以被长线型投资者认可的壁垒种类并不多，大概可以分为3类：第一类企业是在供给方面具有成本优势；第二类是在需求方面能留住客户；第三类是将留住客户与规模发展结合起来。其他的所谓"壁垒"都无法提高企业的收益率，因此不被长线型投资者认可。我在咨询行业从业20多年，为众多企业设计过经营战略，之后我又转战投资领域，在执业15年间研判过大量企业的经营战略。以上结论依据的是我多年来对这一领域的理解。

严选型投资人重视长期收益，因为他们认为企业壁垒的强弱程度各有不同，持续时间也不一样。我在制定评价标准时参考了严选型投资人的这些观点。接下来让我们逐一分析各种壁垒。

·真正的壁垒 1：成本优势

供给壁垒的目的是创造出一个竞争对手无法模仿的低成本结构。即使竞争对手试图参与到市场中，只要我们拥有低成本结构的优势，也可以通过设定更低的价格，投放更多的广告，提供更多的服务，对竞争对手展开"阻击"。这样一来，新入场者最终只得退出竞争，伺机进场的企业也会知难而退。不过，现在的问题是，我们如何才能建立起这样的成本结构？

通常我们可以通过两种方法来打造低成本结构。

第一个是通过垄断低价经营资源（例如人员、物资、资金）来打造低成本。对稀有金属等资源的各种权益就属于此类。此外，企业在特定领域的多年技术积累、通过某种方式获得的大量特殊人才也都属于这种垄断资源所带来的低成本。众所周知，戴比尔斯公司曾经控制了全球约90%的钻石生产，从而确立了其压倒性的优势地位。

不过这种成本优势带来的效果通常不会持续太久。这些垄断资源，如劳动力、原材料、中间投入和资本，虽然在某一段时间内会使企业占据垄断地位，但是随着时间的推移，它们往往会进入市场流通，成为交易品。例如，随着世界各地新矿的不断发现，戴比尔斯公司也失去了其在市场上的垄断地位。

第二个是持有垄断性技术。专利就是一个典型的例子，那些持有他人的专利进入市场的公司将面临高额的赔偿金和诉讼费。垄断性技术可以使企业在成本结构上形成强大的优势，只不过专利带来的成本优势也不会持续很长时间。

在供给方面，更根本、更持续的业务壁垒则来自学习效应和经验效应。一个典型的例子，在制造业中，同一种产品生产得越多，其边际成本就越低。一旦参与者获得了学习效应和经验效应，其他公司就无法跟上它控制成本的步伐。这样做带来的直接结果是使企业在制造过程中的成品率得到提高，间接结果是通过质量控制成本的降低所带来的总成本的降低。

但是，学习效应带来的成本优势也有局限性。在技术更新较快的行业中，成本优势的持续时间会缩短。如果产品或生产工艺过于简单，则企业几乎没有机会去形成优势。正因为工艺复杂，所以学习和经验才能发挥出作用，而那些容易掌握的东西则无法形成壁垒。

真正的垄断性技术必须由公司内部研发。近年来，信息技术领域内的创新竞争异常激烈，各家企业都倾向于将物联网和人工智能技术引入自己的经营战略中。但这些技术都是由专业人员来研发并投入应用的，单独某家企业无法对此形成垄断。所有企业都可以使用的新技术当然不会给任何人带来竞争优势，非内部开发的技术无论多么先进，都不会形成竞争壁垒。

总体而言，供给壁垒并不够牢固，可持续时间也不长，无法实现三方共赢的目标。尽管如此，仍有很多公司满足于拥有独特的技术和产品，也有很多公司在与投资者的交流中大肆宣扬自己的技术，有的公司甚至过度专注于新技术和新产品的研发（严选型投资者从专业角度出发，他们怀疑过度追求供给方面竞争优势的企业能否创造出令人满意的收益率）。

·真正的壁垒 2：留住客户

接下来我们继续讨论需求方面的壁垒。简言之，需求方面的壁垒可以概括为"留住顾客"。这是一个老生常谈的问题，要做到这一点的方法有很多，但格林沃尔德教授却认为只有 3 种方法才能真正地留住客户。

其实"留住客户"只是企业一厢情愿的想法而已。客户并不喜欢被拴在哪个品牌上。相反，他们真正的想法是摆脱束缚，自由选择。假如客户明明不喜欢被束缚在一个品牌上，不知为什么却会一直选择那个品牌，而且还成为该品牌的长期忠实客户（尽管并不情愿），这就是实现三方共赢所需的需求面壁垒。那么，世界上真有这种壁垒吗？

第一个壁垒是利用习惯化来留住客户。例如客户不知道为什么总会经常去买它，本人也无法很好地说明经常购买某一品牌的商品的原因，但就是经常购买，不知不觉间就用起来了……如果企业能够提供这样的产品或服务，那就能够打造出习惯化的竞争壁垒。

　　这方面典型的例子就是个人嗜好品，例如可口可乐等饮料和香烟等产品，人们总是习惯于喝某个品牌的饮料，吸某个品牌的香烟。食品和洗漱用具属于日常用品，需要经常反复购买，这类商品就可以通过习惯化来留住客户。人都有惰性心理，总会反复购买同一厂家所生产的洗涤剂，购买熟悉口味的饮料，这样一来就会给企业带来高额收益（这就是前文中说过的品牌价值高）。

　　第二个壁垒是通过转换成本来留住客户。从正在使用的产品或服务切换到新的产品或服务，这对客户来说是沉重的负担，我们称其为转换成本。

　　一个典型的例子是微软公司的办公产品。许多人非常习惯使用 Word 和 Excel 软件，当他们尝试换成别的办公软件时，就必须要从头开始熟悉新的操作，而且过去积累的许多文档和电子表格都不能再用了。即使他们能克服这些困难，可是如果只有他们的公司更换了软件产品，而客户公司仍然在使用微软软件的话，他们与客户的文件往来也会受到影响（这就是所谓的"网络效应"壁垒）。类似这种商品，即使用户并不总是100% 满意，却也不得不一直用下去。对企业来说，这种商品也会带来高收益率。

　　需求面的最后一个壁垒是利用搜索成本来留住客户。例如某种商品事实上有替代品，但是逐一搜索寻找的话会非常麻烦，因此客户会选择一直使用原先的商品。例如中小型企业中的会计师、税务会计师和法律顾问。从事这类职业的人有很多，但是企业只有在和他们合作之后才能了解他们的真实水平，所以企业即便对目前所用之人不甚满意，也无法保证在解雇了他们之后能雇佣到更好的人。因为这是一项昂贵且无形的服务，即使别人用得很好，也不一定适合你。

于是在这些行业中，客户习惯与某人进行合作，只接受他提供的服务，这就形成了需求壁垒。人们往往生性懒惰，只要没有太大的意见，就不会轻易更换目前正在使用的产品和服务。比如当我们需要理发师或私人订制服装师时，一般都会找熟人，很少会换人。

在客户对产品或服务的忠诚度提高之后，竞争对手就很难再抢走他。人们通常不会改变已经养成的习惯，并且也较为抵触进行对比选择。这是人的本性，这种本性让需求壁垒比供给壁垒更加牢不可破。要实现三方共赢，就必须构筑出适应人类本性的壁垒。

· 真正的壁垒 3：与规模经济相结合

以上我们介绍了供给方面和需求方面的壁垒，每一个都简单易懂。简单是好事，但是从另一个角度来看，简单的东西往往会容易被超越。因此，虽然它们持续的时间长短不一，但是无一例外都具有时效性。

以三方共赢为目标的经营者要设置的是一个强大的壁垒，

它坚不可摧，长久持续。因此在这里，我想为他们介绍一种更强大、持续时间更长、更难以逾越的壁垒。这就是将规模经济与留住客户（习惯化、转换成本、搜索成本等）相结合的壁垒。这种壁垒结构复杂，不容易被人超越。在下文内容中，我将对这种壁垒略做分析。

关于规模经济，我们在前一章的业务经济性中已做过简单介绍。在某些行业中，企业规模越大，利润率就越高。同一种产品生产的越多，边际成本就越低；生产规模越大，采购成本就越低。甚至在快递业和便利店等具有区域优势的行业中，有时也会形成类似于规模效应的成本优势。众所周知，一旦企业获得了规模效应，其他参与者在成本上就只能望尘莫及了。

之所以会出现规模效应，说到底是因为企业与竞争对手在市场上占有的相对份额上有所不同，而我们也不应该站在绝对份额的立场上看问题。举个例子，A 公司和 B 公司各占 30%的市场绝对份额，那么它们的相对份额是 1：1，相互持平。在这种情况下，两家公司就不会出现规模效应上的差异。但是如果 A 公司的市场绝对份额为 30%，B 公司的市场绝对份额为 15%，则其相对份额为 2：1，那么 A 公司将具有压倒性的规模优势，可取得明显的规模效应。即便 A 公司和 B 公司能够在同等条件下获得相同的技术和管理资源，但除非它们各自的生产规模达到了同等水平，否则 B 公司在成本控制上就难以与较大规模的 A 公司展开竞争。由此可见相对规模差的重要性。这是我们需要注意的第一点。

在规模经济方面还有一点需要牢记。企业的规模越大，利润率越高，相对市场份额越高，那么竞争对手的追赶难度就越大。这些都是不可争辩的事实。但请大家仔细想一下，如果购买产品或服务的客户还没有被习惯性、转换成本或搜索成本等壁垒留住，这时该怎么办？

如果竞争对手只是单纯的规模型企业，也没有忠实客户，那么我们只需投入巨资来引进设备，投放广告，进行促销，压低产品价格，便可以将客户全部吸引过来。之所以会出现这种结果，是因为对手留不住客户。这样一来，两家企业的业务规模就会发生逆转。但是，如果竞争对手已经得益于某种需求壁垒，并且已经拥有大量忠实客户，那么情况就完全不一样了。无论我们多么热情，甚至不惜亏损来讨好客户，客户也往往不会转向我们，对方的业务规模也很难会被削弱，它的成本优势甚至可以永远保持下去。

读到这里您就会明白"规模经济与留住客户相结合"是多么强大、多么坚韧、多么不可逾越的壁垒了吧？

这种将规模经济与客户留存相结合的壁垒给我们暗示了另一个具有重要战略意义的思考。"小池养大鱼"比"大池养大鱼"❶模式更加强韧，收益也更为持久。

---

❶　这里的"池"代指市场。——译者注

　　大市场和持续发展的市场对任何人都有吸引力，自然会吸引来许多强大的参与者入场。因此，任何人都很难在大池塘或正在变大的池塘中始终保持压倒性的规模优势（除非它有取之不尽的资金）。一个大池塘里肯定会有各种各样的顾客，企业很难将这些顾客都留在自己身边。企业在大池塘、发展型池塘这类市场中很难构筑"将规模经济与留住客户相结合"这一更强大、持续时间更长、更难以逾越的壁垒。而小池塘却不会吸引很多的参与者。企业一旦在小池塘里确立了自己的规模，几乎没有参与者会费尽心思地投入巨资来瓜分这个小池塘中的市场份额。这样，"小池养大鱼"模式才能享受长久的收益。

　　举个例子，一家名为马渊电机的公司通过将规模经济和留住客户相结合的壁垒，在车用小型有刷电机的利基市场中形成了压倒性优势。这个市场本身并没有多大，小型有刷电机本身的技术也没有那么尖端。但是如果有企业要想超越马渊电机的高品质、低价位、交货期短和供应稳定等综合优势，它就需要投入相当规模的设备投资，并花费数年时间来开发客户。因此对于其他公司来说，与其在这样一个小领域里费时费力地竞争，还不如选择一个新的领域（例如非汽车、非有刷电机、非小型等）更合理。

　　那些在小池塘里悠闲地游来游去的公司，比在大池塘里浴血奋战的公司更有利于实现三方共赢。

·无法构建壁垒行业的唯一可行之法

最后还有一个观点想分享给大家。世界上有很多行业既无法构筑供给壁垒，也无法构筑需求壁垒，而且这种行业的数量或许比那些能够构建壁垒的行业数量要更多。对于这类行业来说，也有一个经营之法。这就是图 4-3 下方的一句话，"当一家企业无法构筑壁垒时，就必须提高经营效率"。在无法构建壁垒的行业中，除了拼命追求效率之外别无选择，不过我们无须因此而感到悲观。

如果某一行业无论怎么努力也无法形成壁垒，那么我们也可以通过强化业务功能来提高经营效率。假设企业耗费大量精力才使效率得以提高，这种行为本身就让竞争对手很难模仿。例如，在一个效率很低的行业中，我们可以充分集中一线工作人员的智慧，积极改进业务。这种从外部很难发现的小小改进，可以积跬步成千里，早晚会成为其他公司难以理解、无法模仿、不可逾越的存在（因为它的每一个进步都不容易被人所察觉）。正因为这种质朴平凡，所以企业才变得强韧高效，最终可形成长效壁垒。

经营战略就是构筑壁垒

设定并执行一个令人振奋、敏锐果敢的战略，这或许是只有经营者才能感受到的妙趣。他们立足于自身对业务的认识，抢得先机，做到提前布局。这种布局会随着时代的发展而逐渐发挥作用，形成令竞争对手难以逾越的坚实壁垒。前人栽树后人乘凉，公司的后辈们会感激前辈们的谋篇布局，让他们可以安逸地享受高额收益，而这种感激之情也会代代相传。

如上文所述，业务壁垒对于实现三方共赢来说非常重要。在本章末尾，我们再介绍一个"打造经营战略就是打造业务壁垒"的经典案例。

本案例的内容选自刊载于《日经商业》的 GU 公司社长柚木治的采访稿。GU 公司隶属于迅销集团，在柚木治的领导下，公司的业务规模（即金额）和赢利能力（即效率）都表现突出。而在柚木治重组 GU 公司之前，该公司的处境非常危险，他临危受命，被优衣库公司的柳井正派往了苦苦挣扎的 GU 公司并担任副社长。之后柚木治直面各种困难，着手进行公司改革。

GU 公司常年亏损，处于破产边缘。公司没有赢利，在营销方面也投入不足，为此柚木治大胆地赌了一把。当时优衣库卖 2990 日元的牛仔裤，GU 公司打出了 990 日元的超低促销价。因为成本较高，所以它们采用了薄利多销，以量求胜的营销策略。鉴于它们的采购数量和库存数量是普通商品的 2 倍左右，所以这次促销活动可以说是背水一战。

不仅是主打价格战，从库存投资方面来看，GU 公司也在柚木治的领导下迈出了起死回生的一步。在日本经济遭到雷曼兄弟公司破产冲击后的经济低迷期，990 日元的价格冲击力可谓非常大，因此这款产品一炮打响。一个关于廉价牛仔裤的新兴市场形成了，公司也从此扭亏为盈。这是一个化腐朽为神奇的经营决策，挑战并战胜了人们的固有观念。不过就在人们认为 GU 公司已步入正轨时，它又陷入了新的困境。

随着 GU 公司爆款牛仔裤的推出，竞争对手们也纷纷效仿。原本颠覆常态而发掘出的新市场，转眼间又变成了常态。GU 门店的销售不振，库存商品堆积如山，公司又陷入了新的困境。

这不免让人想起了多尔西那刺耳的观点："企业很难凭借好的产品来为自己提供护城河般的保护屏障，尽管这样做确实会提高短期收益。……我想再次强调的是，如果不深挖'护城河'，守住现有的业务优势，那么竞争对手很快就会大量涌入，抢夺原本应该属于你的利润空间。"诚然，不设壁垒的战略会导致企业千辛万苦开发的市场昙花一现，在短暂的高收益后，之前的努力往往会付诸东流。

但庆幸的是，柚木治并非常人。众所周知，他带领 GU 公司从惨痛的失败中吸取教训，取得了重大突破。他们确立了低价但不失时尚设计感的方针，接连推出了阔腿裤、裙裤等爆款单品。在我看来，服装行业基本上是一个很难形成壁垒的行业，但他们通过强化商品开发、采购、制造、营销和销售等各业务功能，提高了业务水平，实现了高效运作，最终建立起了更高层次上的效率化业务壁垒。

在严选型投资者看来，所谓的经营战略简单来说就是企业利用壁垒来获得超额利润，取得高收益，并长期维持住高收益的构想。

企业把投入资本的概念引入效率经营中，使其转变为收益经营。这一点固然重要，但如果无法维持住高收益，那这些也只是暂时性的收益而已。如第1章所述，企业是以持续发展为前提的长期经营组织，哪怕它获得了暂时的高收益，如果没有形成业务壁垒，就会像一次性的项目那样，无法长期坚持下去（我们称之为"机会行业"，明确区别于"壁垒行业"）。

反之，通过构筑壁垒来维持长期收益会形成复利经营。壁垒和复利听起来像是手段和目的的关系，但在我看来，它更像硬币的正反面。复利是结果，经营的真正目标是形成壁垒。希望所有以三方共赢为目标的经营者在制定经营战略时，能够认真思考所处行业最应该建立起怎样的壁垒。没有壁垒意识的战略和没有形成壁垒的企业都不可能实现三方共赢的愿景。

· · · 第 4 章总结 · · ·

1. 在第 4 章中，我们从效率经营迈入了收益经营。从如何提高损益表中的效率，发展到如何通过投入资本来产生收益，在思路上发生了很大的转变。经营者的思路和战略执行都需要某种投入资本，重要的是该战略的产出与投入是否成正比。我要说的是，建立品牌或打造出优秀产品并不总能为企业带来收益。您或许会感到惊讶，但事实的确如此。

2. 我们还谈到了要将壁垒看作产生和保护收益的一种方式。很多人在制定经营战略时并没有考虑到壁垒因素。秉持这种经营战略的企业，即使暂时达到了预期的收益目标，它的繁荣也不会持续太久。长线型投资者非常清楚这一点。对壁垒没有清醒意识的经营战略是不可能实现三方共赢的。

3. 形成壁垒意识并不容易。因为这需要暂时抛开稳步开发的产品、每天努力改进的制造工艺和价值链，以及精心建立的客群关系等业务要素，认真思考这样做能形成怎样的壁垒。要有一种全新的态度和思维去重新审视我们每天从事的工作，把它们看作"创造收益的机器"，看它们能否构建起壁垒。

4. 打造壁垒意识，让壁垒成为公司里的日常谈论话题。下一步要做的就是如何构建壁垒，这一点操作起来并不简单。构建壁垒需要具备必要条件和充分条件，我们在之后的两章里将详细讨论这些条件。

第 5 章

构建壁垒的必要条件——风险与成本等投入资本

···

第五步是构建壁垒的必要条件。对于企业来说，构建并守护好壁垒非常重要，所以如此重要的事情做起来一定很艰难。接下来，我将分别说明这一过程所需的必要条件和充分条件。虽然第五步讲的是必要条件，但在这里我却想从相反的角度来谈一下这个问题。我认为，如果风险与成本控制不当就会让企业陷入危机，因此它们才是构建壁垒的基础。为什么说风险与成本这两个被经营者所忌惮和厌恶的因素是构建壁垒的基础呢？接下来我将做详细分析。

顺便说一下，本章以我个人的主观认知为主。既然是主观认知，自然与那些通过科学分析、数据求证的理论有所区别，此处大都是我的经验之谈和推论，在此写出来与读者分享。

赢利背后的两大机制

在前文中我们曾说过，壁垒是帮助企业创造并维护超级利润的必要手段。那么我们如何来理解赢利行为呢？得益于我个人长期的经营顾问和投资人经历，我对各种行业都有所涉猎和了解，在我看来，赢利从本质上来说有两种。

日语用"储け"一词来表示赢利，但在英语中却有两个词，分别是"profit"和"return"，它们之间有着细微的差别。"profit"的意思包括所得、收益、赢利和利润等；而"return"的意思则包括利益、报酬以及返回、归还、回报等。如何看待这种微妙差异，这一点因人而异。

对我来说，英语单词"profit"对应的日语单词是"採算❶"。企业如果投入大量成本，推高销售收入，创造附加值，这样就会产生一个商业循环。客户认可了产品附加值，以合理的价格去采购产品，这对企业来说是划算的交易（因为充满了汗水的味道，所以这不禁让人联想到了工匠行业）。而与英文单词"return"契合度最高的日语单词则是"報酬❷"。如同它的字面意思"归还、回报"那样，这个词让人想到企业在承担风险投资之后所得到的相应回报。同样二者都有赢利的含义，但是"回报"这个词与充满汗水的味道的"划算"还是不一样的。

那么"收益"（profit）和"回报"（return）背后有着怎样

---

❶　中文意思为"划算"。——译者注

❷　中文意思为"报酬"。——译者注

的壁垒构建机制呢？我的观点如下（见图 5-1）。

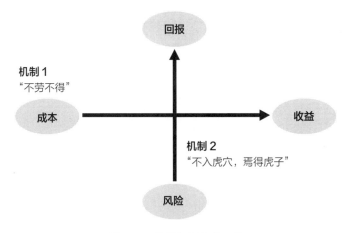

图 5-1　赢利机制分为 2 类

·赢利机制 1：投入惊人的成本

收益是赢利的一种，它来自成本，产生收益的经营机制是"不劳不得"。以前，我经常听祖母这样说："康议，你要记住，要想吃到好吃的，你就得拼命干活，满头大汗地工作。如果不能比别人更努力，你就吃不到好吃的。"我是这样理解祖母的教诲：想赚钱，你就要做别人不想做的事，付出比别人更多的汗水。越是麻烦的事情就越有价值。天上不会掉馅饼，只有投入才能长久地赚钱。

如果你想长久地赚钱（也就是说，要构建起一个壁垒），那就去做没人愿意做的麻烦事，付出让别人目瞪口呆的代价，这样才能创造出别人无法替代的价值。我们无须夸大这种价值，因为它就在那里，能被客户看在眼里，自然就能获得客户的长久支持，收益也自然会持续下去。这就是"惊人的成本投入→壁垒建立→收益持续"的经营逻辑。

·赢利机制 2：承担惊人的风险

回报也是一种赢利，产生回报的经营机制是"不入虎穴，焉得虎子"，不承担风险就无法轻易获得回报。

想要得到长久的回报（也就是说，想要构建一个壁垒），那就要在别人都畏首畏尾，踌躇不前时，大胆向前，承担风险去搏一把。这样才能获得持久的、比他人更多的回报。这就是"冒着惊人的风险→壁垒建立→回报持续"的经营逻辑。

长期持续的超额利润原本就不多见，从经济学的角度来看，这更是不可能存在的，甚至是不应该存在的。因为这是一种反常识的东西（它违背了经济学所设定的自由竞争逻辑）。然而，要做到三方共赢，经营者就必须追求长久的超额利润。为此，他们必须设立起准入门槛高而且坚固持久的壁垒。那么怎样做才能形成这种壁垒呢？

正是因为不计成本的投资，企业才得以建立起高不可攀的壁垒。正是因为行他人之不能行，承担了莫大的风险，企业才得以建立起坚不可摧的壁垒。无论如何，长期超额利润的背后一定有这样一个机制在起作用。

投入常规成本而获得了长期超额利润，之后必然会出现激烈的竞争。冒着常规风险而获得长期超额利润，同样也会出现激烈的竞争。但如果投入了非常规成本或承担了非常规风险，那么竞争对手就会知难而退，无法与你竞争。

最终，在这种（非常规的）经营逻辑下，违反经济学常识的长期超额利润才得以成立。这就是我从事经营顾问 20 年，从事投资行业 15 年来的深刻体会。

寻找利润来源

有了上述认识，我们再来一起分析以下几项具体业务的利润来源（见图 5-2）。

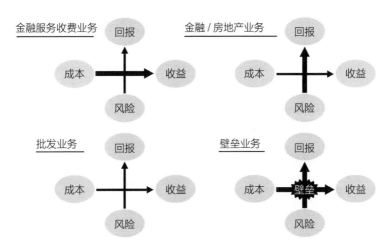

图 5-2　4 种业务和壁垒

·业务 1：金融服务收费业务

首先是金融服务收费业务。就我多年的管理咨询经验来说，开展这项业务需要投入相当多的成本。为了取得客户的信任，企业要在城市的中央商务区租赁一个气派的办公室。房租虽然昂贵，但它在这项业务中并不占太大比例，因为人力成本才是所有成本中最重要的组成部分。

因为这类公司的资产主要体现在人力资源上，所以这类公司的管理者需要不厌其烦地面试刚从研究生院或工商管理学硕士专业毕业、完全没有工作经验的学生，有时甚至会从世界各地的办公室调派面试官来参加新人的面试工作，所以它的招聘成本非常高昂。除此之外，这一行业的员工薪资也比其他行业要高得多。员工入职后，企业还要花费大量的培训费来培训新人。

我最早参加工作的公司——安盛咨询公司（现为埃森哲咨询公司）在美国芝加哥购买了一所女子大学的校舍，并将它改建成了公司的培训机构。从世界各地招聘来的新人都要集中在那里接受为期 3 周的培训。新人参加工作后，在他们升为经理前的数年时间里，至少要以半年一次的频率前往该培训中心参加学习。公司耗费了大量成本来培训这些刚从大学步入社会的新人（在日本也经常会听到企业花钱培训新人的事情，但在培训方式和投入经费方面都与当时的安盛公司无法相提并论）。在那里参加教育培训的新人中，会有数十人被动员参加到实际的项目中进行实战演练，他们夜以继日地调查和分析客户，积极认真地工作。

公司花费了大量成本来培养员工，使他们的工作逐渐得到客户的认可，有的甚至与客户建立起了长期合作关系。这样，企业就形成了可持续的收益框架（但是，咨询行业的业务特点是"给出意见后咨询服务就结束""提交报告后就完事"，所以不会承担太多的风险。但也正因为如此，它们无法从风险中获取高额的收益。也就是说，咨询行业并不像人们想象中的那么容易赚钱）。

· 业务 2：金融 / 房地产业务

相反，一些金融和房地产业务，例如房地产基金业务，往往成本较低。这类公司大都持有大量资金，每个项目会做大量投入，但员工人数却并不多，也就 20 人左右，最多 50 人。它们虽然也要花大价钱去租用气派的办公室，但是比起利润，这些成本是微不足道的。它们的利润本质上来自承担风险，即冒着风险进行投资，如果风险控制得好，就会获得投资回报。

· 业务 3：批发业务

在第 3 章中我们曾讲过批发业，它们属于分散型业务，无法发挥规模效应。自古以来的传统批发商，尤其是那些只做家喻户晓、不愁销路的产品的批发商，他们都不会承担较大的风险。薄利多销的商业属性决定了该行业在办公室、人工成本、研发成本和制造成本方面都不会有太大的投入。传统的纯批发行业不赚钱的根本原因也正是在于它的成本投入少，风险低。

·业务 4：壁垒业务

那么严选型投资者钟爱的壁垒业务又有什么特点呢？这类业务对成本、风险抑或对两者都有严格的要求。它需要企业投入惊人的成本，以至于往往会令竞争对手望而却步。业内每个人都认为很难做到这一步，所以自然就形成了准入壁垒。而壁垒带来的好处就是这类业务可以长期维持高收益。

但这类业务的风险也很大，所有企业都在冒着非同一般的风险。竞争对手虽然也不弱，但它们都无法承担这种风险，也不想去模仿，这样自然就形成了准入壁垒。

不克服恐惧心理就无法构建壁垒

壁垒一旦构建，便会产生很好的效果。但实际上构建壁垒的过程往往是"说起来容易，做起来难"。说得夸张一点，构建壁垒的过程就是在与人性做斗争的过程。

我们要明白，不投入大量成本，就无法构建壁垒。但这并不是说，只要你投入了大量成本，壁垒就会自动构建起来。经营者通常都不喜欢投入巨额的成本，因为在投入成本后，经营者常常会坐立不安，担心投入如此巨大的成本能否产生足够的收益。这种让人感到不安的成本只有在达到相当的规模后才有可能构成壁垒。如果不够高的成本就能构建起壁垒，那么竞争对手肯定也愿意投入成本来参与竞争，这样一来你自认为牢固的壁垒很容易会崩塌。因此要想构建起牢不可破的壁垒，就要毫不犹豫地投入惊人的成本。

投入成本之后，如果经营者操作不好（甚至在多数情况下都是如此），投入的成本就会付之东流。只有当投入成本的价值得到了客户的认可，才会形成真正的壁垒。因此经营者在投入巨额成本前一定要弄清楚，投入的成本能不能以价值的形式得到客户的认可。

这个过程容易让人心生畏惧，人们往往会犹豫不决，难以下定构建壁垒的决心。但是企业一旦以惊人的高成本构建起了壁垒，你的竞争对手就难以再跟你竞争，甚至连竞争的想法都没有了。这就是超额利润长期存在的原因。

风险方面同样如此。如果你不去承担足够的风险，就无法构建起壁垒。然而谁都无法保证只要承担了风险，就能构建起壁垒。经营者通常也都不喜欢风险，因为这种风险甚至会让经营者夜不能寐。但是如果经营者不去承担这种足以震慑对手的风险，那么他的企业就无法构建起壁垒。那些只承担普通风险就构建起来的壁垒很容易崩塌，所以经营者一定要有孤注一掷的决心和勇气。但是他们如果操作不当，企业就会一败涂地。

这就是为什么我们说构建壁垒是与人性做斗争。这是一场与恐惧的斗争。无论是风险还是成本，在与恐惧做斗争的同时你都必须要付出巨额的投入成本。前思后想之后，理性地浅尝辄止，这样是构建不了壁垒的。经营者只有克服了人性的弱点，经历千辛万苦才能构建起真正的壁垒。

惊人的成本投资案例

·大塚商会

大塚商会以惊人的成本构建了行业壁垒。大塚商会的业务主要是面向企业，尤其是中小型企业销售电脑、多功能设备、通信设备等 IT 类产品，并为客户提供系统集成、系统维护、办公用品等服务。

这类行业的客户多为中小企业，服务商针对每个客户的销售规模与花在它们身上的时间和精力不成比例。因此，大多数企业都不愿涉足这一行业，各地只是零散地分布着当地的小型服务公司。这种小公司会经常拜访客户，询问对方是否需要服务，做着较为传统的小生意。这是一个几乎无利可图的细分市场，成本高、利润低。尽管如此，大塚商会的创始人还是设定了合理的经营策略，为这个细分市场建立了一个网状的分店网络（他们的目标是打造一个细密的销售网络，就像每天早晚向附近居民配送报纸的报纸配送网络一样密集）。每处分店都有销售代表和服务代表。在服务区域内的客户有需求时，他们会及时提供快速、细致周到的服务。这就是大塚商会建立起的经营模式，他们为此投入了大量成本。

大塚商会投入的成本巨大，以至于同行听到后都会感叹"真是个大傻瓜"。一般来说，从中小企业身上赚到钱并不容易。但是正因如此，投入巨额成本构建起的壁垒才更加坚固，才会持续产出丰厚的利润。这种做法其实是对壁垒理论的逆向应用。

在当今的数字化时代里，中小企业的发展举步维艰（我自己的公司就是中小企业，因此对此深有感触）。信息技术的发展日新月异，客户都希望在交易中使用最新的信息技术。但中小企业无力设置专门的 IT 服务部门，而它们的在职员工的信息技术素养也很一般。

对于这类企业来说，大塚商会就是它们可以依赖的信息技术服务资源。起初，客户可能只需要一台复印机，慢慢地就会需要电脑、服务器，接着是电脑软件。经常外出的业务员需要手机等移动终端，为了可以从外部访问公司服务器，还需要一些虚拟专用网络设备。另外，为了确保网络安全，企业就需要安装安全软件等。于是它们向大塚商会购买的器材也越来越多，最终甚至到了离开大塚商会的服务，公司就难以运营的地步。这里就出现了第 4 章中介绍过的需求壁垒，即"习惯化""转换成本"和"搜索成本"。

对于大塚商会来说，虽然与每个客户都是小额交易，但只要在分店区域内确保拥有足够数量的客户，那么它们花费巨额成本搭建起来的分店网络就能发挥威力，为各个客户提供高效的服务。随着客户数量的增加，以及提供给客户采购器材数量的增加，巨大的分摊成本将会摊薄成本并转化为利润。这也充分证明了前一章中所介绍的"规模经济和留住客户相结合"的做法是正确的。

顺便说一下，大塚商会的利润率在7%左右，这对于销售行业来说已经是相当高的水平。从其他数据来看，在过去的15年间大塚商会的人均销售收入翻了一番，达到7500万日元，人均营业利润也翻了一番，达到了465万日元，这是一个了不起的成绩。为了更直观地了解这一水准，我们可以与多功能设备制造业做一番比较，它们的人均销售收入仅为2000万日元，人均营业利润仅为115万日元。

大塚商会在不提高制造附加值的前提下，人均销售收入达到制造厂商的3倍以上，人均营业利润做到了制造厂商的4倍左右，可见它们的创利产出有多高。另外，这家企业对员工非常友善，年假比其他企业要多10天，而且平均工资在15年间增长了1.4倍。

·参天药业

参天药业是一家专注于眼科的小众领域制药商，尤其专注于医用眼科药物的研发。医疗行业有消化系统、循环系统等多个领域，参天药业的业务领域是眼科，该领域的某些特点导致医药厂商难以赢利。这个特点就是该科室个体医生的比例在所有的临床科室中最高，中小专科诊所遍布全国。日本大约有13000名眼科医生，其中60%~70%都是自己开设诊所的个体医生。这种市场结构与内科大不相同，内科的大多数医生都隶属于大医院。在内科领域，制药公司只要抓住少数客户（例如各大医院）就可以开展高效营销。但在眼科领域，它们需要一笔一笔地积累小额交易，这是一个低效且难以赢利的领域。

针对这个细分市场，参天药业建立了全国性的分支机构网络，并为全国约13000名眼科医生分配了400名医药代表。这些医药代表不仅可以为眼科医生提供最新的药物信息，还可以为他们提供咨询服务，举办院内学习会，配发医院管理信息杂志，为患者分发医疗手册，以及为诊所提供布局建议等各种咨询服务。虽然说眼科医生大都经营着小型诊所，但药厂的医药代表甚至能为他们提供医院经营方面的意见，这一点着实让人感到意外。

我一直怀疑，在小众、规模小而且耗时的领域内投入巨大成本（例如网点建设费、医药代表人工费、医院经营咨询服务相关的培训费），企业能否有所回报。但是事实证明，这种怀疑完全没有必要。参天药业医药代表的人均销售收入高达3.3亿日元，远高于国内其他主要的制药公司。这是为什么呢？

我们想要找到原因，就必须了解分散在全国各地众多眼科诊所的特点。它们的最大问题是很难获得有关药物和治疗的最前沿信息。仅凭临床一线的医疗护理是无法获得最新治疗信息的，而且由于诊所分散在各地，所以很难在同行之间做到信息共享。

不同于集中在大医院的内科医师，眼科医师在获取行业信息方面较为被动。为此，参天药业为眼科医师建立起分支机构网络，提供包括最新药物在内的各种信息支持。通过这种做法，参天药业获得了日本眼科用药领域内 50% 左右的市场份额，这个数字非常惊人。除了拥有高市场份额外，参天药业在医生中的品牌知名度也高达 70%。它们在眼科领域的产品超过 50 种，可以说没有参天药业的产品，眼科医生几乎无法提供医疗服务。

当它们把眼科这一领域做到极致后就会出现一个有趣的现象：海外制药公司研发的产品再好，想要卖到日本，都得靠参天药业来打开市场。

其他公司虽然羡慕参天药业持续的高利润水平，但也很难与之竞争，因为参天药业已经在眼科这个小市场里投入了巨额资金，形成了准入壁垒，其他公司想要入场谈何容易。参天药业的医药代表人均销售额 3.3 亿日元，这一数字足以说明"只有投入惊人的成本，才会形成一骑绝尘的投资效益"。这也与上一章中所说的"小池养大鱼"是一个道理。

🐟 令人胆战的风险投资案例

·TRUSCO 中山公司

TRUSCO 中山公司通过非同一般的冒险投资构建了自己的商业壁垒。TRUSCO 中山公司是一级批发商，它们批发销售的是工厂和建筑机器设备，主要客户为二级或三级批发商。该公司实现了以壁垒为后盾的可持续赢利模式，其背后的逻辑是什么？在这里，我引用了一段与中山社长的对话。

中神康议（以下简称"中神"）：TRUSCO 中山公司是工具批发行业的后起之秀，但却取得了业界首屈一指的成绩。你们的年均销售收入增长率达到了 5%，远高于业界 2.5% 的平均水平，营业利润率高达 8%，远高于业界 3% 的平均水平。因为职业关系，我接触过不少公司，但是 TRUSCO 中山公司不仅业绩良好，而且经营模式也很独特。首先 TRUSCO 非常重视充足的库存。人们不是普遍认为库存越少越好吗？这一点很让人费解。

中山社长（以下简称"中山"）：常识和常理通常具有相当的说服力。当听别人说"最好少留存货"时，我也会想当然地那样认为。但是如果我们公司减持库存的话，就很可能无法发展到今天。在工具批发这个行业，库存是为客户提供价值的一种手段。如果库存量过低，经营数据或许会看起来不错，但它却无法提供另外一些价值，比如齐全的产品系列和快速交货。公司网店零售客户的快速增长也是得益于此，这成为公司业绩的一大增长点。而且我公司对同行批发商的销售收入也有所增加。这是因为对小订单来说，向我们订购产品比从制造商那里订购更快、更便宜。所以即便我们是同行，它们也会向我们订货。当你挑战了常识之后，对这一行业就会形成很多新的认识。你可能会惊讶地发现增加库存会减少员工的加班时间，持有大量库存可以大大简化耗时的订购操作，等等。除了增加库存之外，我们还在库存和物流方面进行了大量投资，这也让许多人颇为不解。

中神：在工具批发业，贵司正在不遗余力地进行资本投资。比如在全日本设置26处物流据点，每处耗资30亿~200亿日元。

中山：事实上，当决定接任社长一职时，我甚至不知道该怎样管理公司，更不用说设定经营战略了。然而，当我回到思维的原点，思考"这家公司到底是干什么的"时，突然就觉得眼前豁然开朗。我们是工具批发商，要面向零售商出售工具。然而真正使用工具的却是制造业，所以我认为我们的企业必须为制造业本身做出贡献。于是我们想出了"加油！日本制造"的口号。当然，仅仅提出口号是改变不了任何事情的。怎样做才能为日本制造业做出贡献呢？一番思索过后，我认为在全日本范围内，在第一时间把工具快速地送到客户手里才是真正为客户着想。要做到这一点，就必须在全国各地设立大型仓储基地，每个基地都有大量的库存，甚至还要有公司的内部配送系统。结果就形成了我们现在的这种对库存和物流基地进行大量投资的商业模式原型。

另外，我们公司的营销方式也与其他公司有很大不同。在工具批发行业，销售人员为了维护与客户的关系，在接单时往往需要应付客户所提出的各种难题。但是 TRUSCO 中山公司却并不过于重视这一点。客户虽然是"上帝"，但有时也会提出一些没有道理，甚至是错误的要求。如果无差别地满足客户的所有要求，那么公司就无法很好地经营下去。更重要的是，这样做会让员工产生心理压力，无法自信地工作。错就是错，要明确地告诉对方。即便惹得客户不满意，但只要我们的公司足够强大，客户便无法与我们断绝业务往来。说得难听一点，对我们公司的产品，如果客户认为"真的不想买，但还是不得不买"，那么我们的终极目标就实现了（笑）。

中神：也就是说要把批发做到极致，对吧？"想摆脱也摆脱不了"正是建立业务关系的精髓。正是因为深刻思考了"为客户提供的价值应该是什么，不应该是什么"，贵公司才有了以上的经营策略。

工具批发业是典型的分散型业务，每个客户、每个产品对应的成本都不同。参照第 3 章中介绍过的业务经济性，这类行业的法则就是对商店、产品或客户进行细致的赢利管理和财务管理，找出那些不赢利的商品或客户，一点一点地将其剔除出经营阵列。这是此类业务的商业法则，它的运营模式与需要承担风险的规模型业务完全不同。然而，TRUSCO 中山公司投入巨资建设了多处大型物流设施，拥有大量的卡车和人员，建立起自有运输和配送网络，以及超过 40 万件商品的库存，这些都背离了分散型业务的经济性规则，存在着巨大的风险。但迄今为止，这种自相矛盾的冒险行为却形成了高于行业平均水平的收益率。它们在分散型行业中进行冒险投资，将它转变成规模型行业，通过"将规模经济和留住客户结合"的经营模式来构建起壁垒（尽管这种风险是否真的有效仍有待观察）。

经营者必须履行的最重要职责

通过前文的几个案例我们可以看出，壁垒能否形成，关键取决于企业是否投入了惊人的成本、承担了极大的风险，这些都属于巨额投入资本。企业之所以要投入巨额资本，是因为构筑壁垒是经营者扭转乾坤的一大法宝。

对于经营者来说，无论投入成本还是承担风险都是最困难的投资决策。人们常说经营者是孤独的，所谓孤独大概指的是他们独自做出生死决策时的心境。在工作一线挥汗如雨的员工跟随经营者一路坎坷，他们的结局是跌落到城墙之外九死一生，还是被城墙保护得衣食无忧，这完全取决于经营者的决策。经营者无法依靠任何人，他们需要独立思考，做出各种事关生死的艰难抉择。

中山社长对风险经营做了非常精彩的总结："日本人似乎更青睐稳健经营。然而从另一方面来看，稳健经营也可被叫作'胆怯经营'。靠稳健经营发展起来的公司少之又少。一家企业如果只重复以前的做法，做着其他企业都在做的事情，那它就不会发展起来。每个人都走过的路，它的尽头不会出现'成功'二字。"

做出事关公司存亡的投资决策，这才是经营者的工作。经营者没有忙于日常业务，却还享受着高薪待遇，而且拥有相对充裕的时间（莫不如说他们必须拥有自由的时间），这些都是因为他们具有扭转乾坤、击垮竞争者的判断力。就凭这一点，他们也应该享受到这些。

经营者之间会经常碰面，他们会聚餐或者相约周末打高尔夫，相互交流业界信息，有时还会去放松娱乐，所有的这些都是为了他们在最关键的时候能够做出最正确的决策。那种在决策前六神无主、萎靡不振、无法构建行业壁垒的经营者，绝对实现不了三方共赢的目标。

专栏　日本企业的成本与风险

　　前文讲的是投入成本并且冒着莫大风险的飞蛾扑火式的经营行为。那么日本企业在成本与风险方面与国外企业相比具有怎样的特点呢？

　　一桥大学研究生院的野间干晴教授对比分析了日本、美国等 7 个国家的企业在设备投资和研发经费方面的数据。图 5–3 显示了自 1985 年以来缩减设备投资和研发经费企业的占比情况。从数据上看，设备投资（风险）和研发经费（成本）被削减得最严重的是日本企业。这一研究结果与人们对"日本企业着眼于长远进行投资和研发"的印象大相径庭。

　　正如本章所述，企业通常不喜欢成本和风险。成本会让经营者担心到寝食难安的地步，风险会让经营者心痛到夜不能寐的程度。从这个意义上说，在过去的 25 年里，日本的经营者们肯定是酣然入眠的（抱歉，这里是对他们的讽刺）。

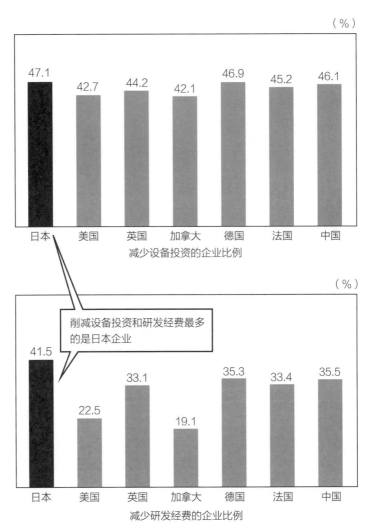

图 5-3 减少设备投资和研发经费的企业比例（1985—2009 年）

··· 第 5 章总结 ···

1. 本章讲的是我在构筑壁垒方面的一些个人观点。可持续的超额利润是违反经济学原理的，只有构筑壁垒才能创造持续的超额利润。而要构筑起足够牢固的壁垒，就需要投入惊人的成本，承担巨大的风险。

2. 关于风险与成本的理论本身非常简单易懂，但其背后却是较大的执行难度，因为它需要人们克服人性中的恐惧和胆怯心理。经营者必须战胜恐惧心理，坚定且持续地投入资本，这是构建壁垒的必要条件。这要求经营者能够在生死边缘做出合理的投资判断，具有孤注一掷的魄力和勇气。

3. 在接下来的第 6 章业务构想中，我们将分析这种判断力是源于怎样的思考模式，并且介绍一些具体的经营案例。同时也会介绍构建壁垒的充分条件，以及辨明条件真伪的方法。

第 6 章

构建壁垒的充分条件——业务构想

···

在上一章中我们讲了构筑壁垒的必要条件，接下来将介绍其充分条件。企业承担风险，投入巨额成本并不一定就能构筑起壁垒。经营者还需要冷静而精确地分析业务的可行性，提出业务构想，提前预测业务的未来发展态势。需要注意的是，如果经营者只是遵循常理，按照业内普遍认可的业务构想来行事，那么无论企业投入了多少资本、承担了多少风险，都构建不了壁垒，也无法做到三方共赢。本章将重点放在经营者们应该持有怎样的独特思维方式上。因为讨论的对象是思维方式，所以我们参考了哲学家三木清、"最后的神社工匠"西冈常一等非经营领域人士的观点。人们常说"经营者是孤独的"，正因如此我们才更要坚定地走下去。

企业愿景不会从集体讨论中诞生

2016 年,《耶路撒冷邮报》❶（ *Al-Ittihad* ）发表了哥伦比亚大学法学院的格森（Gohsen）教授和耶路撒冷希伯来大学的哈姆达尼（Hamdani）教授合著的一篇论文，题为《企业控制与业务构想》（ *Corporate Control and Idiosyncratic Vision* ）。这是一篇非常值得一读的文章，内容很有趣，不过因为本书的篇幅有限，所以我在这里无法对论文内容做详细介绍。

这篇论文最吸引我的是一个此前从未遇到过的英文单词 "Idiosyncratic"。出于好奇，我查阅了词典，发现它有"特立独行"的意思，另外还有"（个人）特有的""奇怪"和"古怪"之类的意思。如果将它与企业愿景结合起来，则表示"只有某人才能看到的愿景，只有某人才能看到的未来"。我终于明白自己为什么会对这个词如此着迷了，因为它就是企业在构筑壁垒时的思维方式。

我想再详细解释一下。"企业愿景"这个词对每个人来说都是一个非常熟悉的词。很多公司都在努力地打造公司愿景，但是不少人却认为"公司愿景是未来的事情，应该让肩负历史使命的后起之秀去思考这个问题"。

---

❶ 以色列发行量最大的英文报纸，也是中东地区规模最大的报纸之一。——译者注

这种想法本身并没有太大问题。但实际上当公司里的后起之秀聚在一起谈论企业愿景时，他们描绘的愿景大多只是听起来很好。他们的愿景内容往往只基于当前可以看到的发展趋势，内容并不新鲜，总是让人感觉似曾相识，例如"受到客户青睐""挑战与创新""社会信任"等，但是这些真的能成为指导我们去开拓未来的愿景吗？

业务运作总是充满挑战，而组织运营则需要经营者去处理各种人际关系。运作一项业务并不轻松，单凭几句漂亮话是无法为企业开拓未来的。神户大学研究生院的三品和广教授认为，"管理者最重要的能力就是具备高度完整的业务观"。

经营者需要能够洞察行业发展的趋势，即使遭到多数人的强烈反对，他们也要坚持己见，砥砺前行，这才是真正的企业愿景。中国的孟子云："自反而缩，虽千万人，吾往矣。"（意思是反躬自问，如果无愧于良心和真理，那么就算对方有千军万马，我也要勇往直前，绝不退缩。）开拓未来的企业愿景不是集体讨论的结果，而是出自每个人独立的思考，因此它必然会带有个人色彩。

正如我们在上一章中提到的一些案例那样，没有独特的企业愿景就无法构建起业务壁垒。为了赢得市场竞争，企业需要承担巨大的风险，投入巨额的成本。但是企业所做的这一切，是否真正受到客户的重视并产生了高收益则都要取决于企业愿景是否合理。要想构建起业务壁垒，经营者就必须拥有独特的业务观和勇往直前的精神。

我们可以称它为"idiosyncratic vision"，最能表达其意思的应该是"业务构想"一词，在后文中我将会介绍一些具体的关于业务构想的案例。

业务构想能打破业务经济性宿命

在第 3 章中我们曾讨论过业务经济性。我们把世界上的所有业务分成 4 种类型，并且认为每种类型都有其独特的赢利方式和竞争结构，这是它们无法改变的宿命。既然行业的命运早已注定，那么经营者是否就无能为力了呢？在本章中，我想通过一些案例来告诉您，我们其实可以通过自己的努力去改变命运。

以餐饮连锁业为例。现代大型连锁餐饮企业大都起源于城市商业区的小饭店。就业务经济性而言，餐饮业是典型的分散型业务。也正因如此，所以它往往有很多差异性要素，例如便宜、快捷、味道好、老板精明等，但是这同时也说明该行业难以发挥规模经济效应。商业区中的小饭店一般是由一家人共同经营，所以行业门槛低，参与者众多，会呈现分散型经营的特点。

如果这类小饭店就这样做下去的话，那么无论经过多长时间，它们的事业都很难做大。但是却曾经有一个人努力尝试去改变这种状况（以下内容是刊载在《日本经济新闻》里《我的履历》专栏中的故事）。

· **乐雅乐**

　　乐雅乐（Royal Host）发祥于日本九州市的博多区，是餐饮连锁店的先驱。它的创始人江头匡一一直想突破现状，于是他研究了国外的餐饮业。他发现国外居然有丹尼斯（Denny's）那样的餐饮连锁店和家庭餐厅式的连锁大型企业。没想到自己日常从事的小型餐饮行业居然可以发展成规模如此庞大的现代化产业，他在吃惊的同时也暗下决心，自己也要去搏一搏。

　　江头匡一知道，要想将他当时的小饭店发展为连锁餐饮企业，就必须要投入巨额资金。门店要想实现规范化、规模化，就要多招人，同时还必须建造一批大型的中央厨房。

　　于是他首先要做的就是筹集大量资金。怎样才能筹集到这笔资金呢？20世纪60年代初的乐雅乐公司还没有上市，而且无论是在当时还是在现在，企业债券市场都不会为此类企业发行融资债券。别无选择之下，他只能向银行贷款。但在当时，人们普遍认为餐饮业这种接待客人的行业收入不稳定，没有前途，所以没有银行愿意借钱给他。但是江头匡一却执意去做这件事，由此可以看出，江头匡一是个特立独行的人。他决定向日本兴业银行 ❶ 进行贷款。日本兴业银行主要为重型化工企业提供长期贷款，在第二次世界大战后的日本重建工作中发挥了

---

❶　也被称为株式会社日本兴业银行，它是20世纪上半叶时期世界最大的银行之一，总部位于日本东京。——译者注

重要作用。江头匡一想的是，如果全日本最好的兴业银行都肯借钱给他，那么其他的城市银行、地方银行、信用银行及信用合作社必定也会乐意借钱给他。他计划从这些金融机构取得借款后，将大笔资金投入到连锁餐厅中。在做好准备之后，他便前往日本兴业银行福冈支行去寻求贷款支持。

不出所料，江头匡一吃了闭门羹。日本兴业银行某分行的经理甚至开玩笑地表示："餐饮业居然也能产业化？别开玩笑了！"但特立独行的人并不会被这种困难吓倒，江头匡一没有放弃，仍然不断地去寻求日本兴业银行的帮助，直至他后来遇到了一位姓村濑的分行经理。只有这位村濑经理打算听一下江头匡一的创业计划，还要请江头匡一吃饭。

村濑先生选择了一家日式传统餐厅，而且身穿日本传统服装来赴宴。事实上我们由此可以想象出当时餐饮行业的时代背景。江头匡一在餐桌前拼命地介绍自己的连锁餐厅项目，村濑先生一直认真听着江头匡一的介绍，直到最后他才说："餐饮业这一行中的人才不多，或许你能成功。"

后来村濑先生想尽办法终于获得了日本兴业银行总行的贷款批准。银行董事会也曾对这笔贷款有过激烈的争论，但村濑先生努力说服了董事会。最终结果是，日本兴业银行向当时年销售额只有 12 亿日元的餐饮公司放贷了 6 亿日元。日本首屈一指的银行居然向收入不稳定、不被世人看好的小公司提供了巨款贷款！江头匡一回忆这段往事时说道："日本兴业银行的贷款对我们来说意义重大，这种行为本身的价值比贷款要高出很多倍。我的产业化梦想得到了认可，作为一名企业家，我感到无上光荣。"

不过在获得了银行贷款之后，江头匡一的举动（从某种意义上说）却让人瞠目结舌。他无视餐饮行业的业务经济性，将分散型行业打造成了规模型行业。我们要知道，餐饮行业属于分散型行业，这种行业如果一味扩大企业规模的话，稍有经营不当就会导致利润率下降。

尽管如此，江头匡一还是执意要打破分散型行业的宿命，他采取了集中采购、降低成本等措施，还建造了大型中央厨房。之后他快速扩充门店数量，通过标准化和统一化的运营来推广品牌。当时他投入了大量的分摊成本，所以稍有闪失企业就会陷入万劫不复的危险之中。

自从建成了中央厨房，厨师们就不必在店里进行复杂的烹饪了。就业务经济性而言，企业无须再承担烹饪单个菜品所需的专属成本。也就是说，烹饪量越多，中央厨房的运作就越顺畅，分摊成本就越低，利润也就越多。随着销售收入和销售利润的不断增加，企业规模越来越大，最后江头匡一创建了一家名为"乐雅乐"的大型连锁餐饮公司。

江头匡一在《我的履历》专栏中写道，当时担任日本兴业银行福冈分行经理的村濑先生对自己有知遇之恩。他后来辞任乐雅乐会长时，村濑先生还前来送别并送上一个大红包，告诉他这些年他做得非常棒。

这个故事就是一个经营着一家小餐馆的老人，有了一个"餐饮产业化""创建餐饮连锁店"的不靠谱想法。一位金融从业者押注在了这个看似不太靠谱的业务上。然后，一直以来以重工业为主要扶持对象的日本兴业银行居然出人意料地给了服务业一笔融资，打响了餐饮产业化的第一枪。由此可见，江头匡一和村濑先生都是非同一般的优秀商业人才。

其实这位村濑先生是我的长辈，更准确地说，他是我的舅公。因为我的祖父和外祖父都已经去世，所以对我来说，他就像祖父一样疼爱我。因为他大腹便便，所以我便叫他"相扑爷爷"。他的全名是村濑泰敏。

在读到江头匡一的《我的履历》时，我还是一名管理咨询顾问。这篇文章让我明白，金融工作的价值在于选择那些优秀的经营者，与他一起成长进步。这或许就是 15 年前我从管理咨询行业转战投资行业的原因之一吧。

餐饮行业中的三种赢利模式并存

现在让我们回到正题上。江头匡一和村濑先生都对业务构想有着独特的理解。那么他们之间的相遇带来了什么，这才是真正的有趣之处。为解答这个问题，我们需要先看一下数年前餐饮服务行业的业务经济性散点图（见图 6-1）。

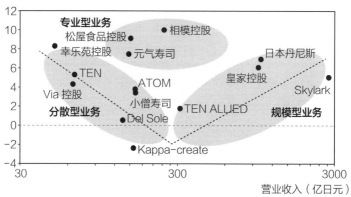

图 6-1　餐饮行业的三大业务类型

　　图 6-1 的左侧是大量分散型业务的参与者。餐饮业本质上从事的是分散型业务，要想改变这种命运并没有那么容易，也正因如此，现在仍然有很多这样的分散型企业。通过观察图表我们可以发现，这类企业的规模越大，利润率就越低，这符合分散型业务的类型特征。但是同时我们也能看到，图 6-1 的右侧出现了一些规模化企业。这符合规模型业务的发展逻辑，即规模越大，利润率就越高。这类业务的有趣之处在于，利润率高得离奇的企业分散在图表的中上方。这些企业经营者眼光独特且犀利，富有冒险精神，具有扭转乾坤的魄力，最终把分散型业务发展成了规模型业务。但是这样一来，对于客人，也就是对就餐的人来说就出现了一个问题。随着规模化竞争的开展，越来越多的参与者被踢出局，剩下的都是些规模较大的企业。这样一来，最坏的结果就是大街上全都是餐饮连锁店，食

客永远只能吃同样的食物，因为他们没有别的选择。

有一些眼光独特的经营者敏锐地发现了这个问题，于是他们创建了独特的业务模式以满足客户多样化的就餐需求。他们细分了客户群（例如老年人客户群和年轻人客户群等），建立起专业型业务。这样一来，餐饮行业便形成了3种类型企业并存的局面（见图6-2）。

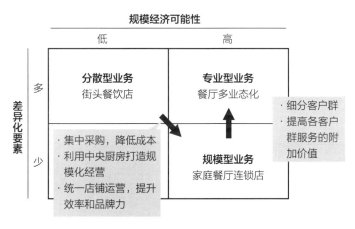

图 6-2　家庭餐厅连锁店的业务模式

乐雅乐以及餐饮产业的案例说明，具有独特眼光的经营者是可以改变行业宿命的。通过这一案例，相信读者也可以感受到经营者的独特眼光对行业产生的冲击。

· 大和运输

下一个是我非常推荐大家参考的案例，讲的是大和运输公司发展快递业务的故事。公司实际创始人小仓昌男在《小仓昌男经营学》一书中阐述了构筑企业壁垒的相关要素，例如，他讲述了独创性业务构想的诞生背景、构想背后的商业逻辑与分析调查以及周围的反对声音等。因为这部著作是少有的具有现实指导意义的商业战略类书籍，所以接下来我会引用许多该著作的内容，希望读者能耐心阅读。

《小仓昌男经营学》绪论部分的第一句话是：

在人们看来，快递业务是一个雷区，贸然参与邮政包裹业务更是鲁莽之举。然而大和运输公司却剑走偏锋，不但挑战了这些业务，还将它们顺利地发展了起来……尽管它们之前并不被人看好。

大和运输公司成立于大正时期❶，是第二次世界大战前日本首屈一指的货运公司。然而由于战后长线运输业务发展缓慢，公司经营陷入困境。虽然公司以多元化业务为突破口，采取了各种改善措施，但作为其核心业务的商业货运的赢利能力却在持续恶化，导致公司面临破产危机。

在这种背景下，临危受命的小仓昌男将目光投向了当时被邮局垄断的个人快递市场。个人快递业务收发货效率太低，当

---

❶ 1912—1926 年。——译者注

时几乎没有人看好这类无利可图的业务，所以这一行业长期由国家垄断，在战后通过几次涨价才得以勉强维持经营。

个人日常包裹业务具有需求量大、偶发性强、难以掌握的特点，因此就业务本身来说具有很大的不确定性……企业需要派专人前去委托人家中揽收包裹。这个包裹可能发往日本北部的青森县，也有可能发往日本南部的鹿儿岛县。虽然无法确定投送这个包裹具体需要多少成本，但运费肯定不能超过邮局的邮费，所以说这种业务非但无法赢利，反而会出现严重亏损的情况。

这是小仓昌男刚开始关注个人快递市场时得到的第一印象，也是人们常识性的观察结果。然而小仓昌男不愧为具有独特商业思维的经营者，他从这种常识性观察中发现了商机。

人只要生活就必定会有物资运输的需求。从个体角度来看，这种需求是偶发的，但从群体角度来看，这种需求却呈现出一定的规律，这种规律就是一定数量的物资会朝着一定的方向流动。如果你只关注个体需求，那么这项业务可能无法开展。但如果你关注群体需求的话，那你说不定就会想出好的办法……

商业运输就像带着一个大箱子去工厂，把豆子装满箱子，然后再逐个把箱子搬运到目的地。而个人快递业务就像一粒一粒地捡起散落在地上的豆子，然后再运到它们各自的目的地。

如果不先捡起豆子，那么后续的工作都无法展开……所以，怎样做才能把豆子都捡起来呢？……于是我有了设置快递代理点的想法。

在想到这个点子之后，小仓昌男迅速采取行动，在烟酒店、粮米店等家庭主妇经常光顾的地方设置了大量的快递代理点。依靠这个代理系统，他建立起包裹揽收机制，可以将分散在各处的包裹集中起来。接下来他面临的是如何运输这些货物，以及建立什么样的运输配送网络等问题。

问题是大和运输公司能否按照设想的那样，建立起一个全国性的运输网络呢？如果每个省都需要设立物流运输中心的话，那一共要设立多少个才合适？

为此，小仓昌男调查了与市民生活密切相关的各种机构数量，例如某地区的邮局有 5000 家，公立初中 11250 所，派出所 1200 个。如果维持地区治安的派出所有 1200 个就够了，那么大和运输公司的物流中心有 1200 个左右就可以满足该地区的物流需求。

在小仓昌男的运作下，大和运输公司的快递业务得到了扎实推进。现在我们来一起看一下快递行业的业务经济性问题。虽然小仓昌男并没有学过相关理论，但是他在经营中体现出了对业务经济性的卓越洞察力，令人刮目相看。

个人包裹快递业务是依靠整个网络来实现赢利的。在起步阶段需要投入大量成本来构建配送网络，所以它在利用率较低的阶段必定会亏损。但随着配送网络建成后利用率的逐步提高，业务收入会逐渐增加，随后达到盈亏平衡点，最终会产生利润。

虽然送货上门的快递业务效率较低，但也并非完全不赚钱。这种行业从性质上来说，在达到盈亏平衡点前公司肯定不会赢利。但等到运输网中的货物顺利流动起来之后，企业收益必定会超过盈亏平衡点，最终赢利。这就是我的结论。

小仓昌男清楚地认识到"分摊成本"和"专属成本"之间的差异，提出了极其符合逻辑的经济性推理，这些都在他的书中一一表现出来。在那本书的另一章节中，小仓昌男就像一位画家一样，将业务未来可以实现赢利的场景生动地描绘了出来。

我竭尽所能地构建起配送网络，包裹每天都在配送网络上流动。总有一天流动的包裹会超过一定数量，那时利润就会显现出来。经过坚持不懈的努力，配送网络这棵大树必定会开花结果，我也将逐步实现利润的大丰收。虽然我说不出利润具体出自哪个环节，但总体上肯定会赢利的。网络型业务难道不都如此吗？

我长期从事管理咨询和投资业务，却第一次遇到这么动听的故事，它向我们展示了小仓昌男那卓越的业务构想和逻辑验证能力，以及对业务经济性的敏锐洞察力。这才是真正的杰作，不管读多少遍，我都会被作者的故事所震撼。

这个故事并没有就此结束。因为这个业务构想是如此独树一帜，所以小仓昌男遭到了公司内部的强烈反对。

董事们的反应很悲观……为百货商店派送货物，比如从日本桥❶或新宿的百货店揽收货物，对于快递员来说并不怎么辛苦。但是要从分散在东京23区的市民家中一件一件地揽收包裹，其辛苦程度则不可同日而语。董事们都认定一旦开始这种业务，必定会造成公司亏损……他们有一种先入为主的观念，认为个人快递业务的效率极低，企业一定会亏本，所以当时没有一个人支持我的想法。

从某种意义上说，这些来自公司内部的反对声音并不让人意外。将公司业务重心从商业货运这一核心领域转移至在起步期必定会亏损的个人快递业务，这的确令人担心。但小仓昌男最让人刮目相看的地方就是，面对公司内部激烈的反对声，他并没有妥

---

❶　位于东京站附近，从江户时代开始就是连接东海道的起点。——编者注

协，而是努力地说服大家，最终完成了公司的业务转型。

"不善止百论者，应恭让主位。"这是有着"最后的神社工匠"之称的西冈常一的经典语录。一名优秀的经营者不仅需要提出伟大的业务构想，还需要能直面众人的反对声音，用严密的逻辑和高尚的品德去说服众人，引领企业向前发展，这才是他的职责所在。

于是，大和运输公司的个人快递业务就这样诞生了。后面的故事相信读者们都已经了解了。由此可见，经营者需要专注于同行都避之不及的市场，做出与众不同的业务构想，找到别人看不到、想不出的赢利逻辑，冒着同行都不愿承担的巨大风险，毅然投入巨额成本。最终以压倒性的体量形成了一个难以被人模仿的巨大壁垒，使公司员工能够长久地享受到发展的成果。这样，超额利润产生了，而且不断持续着。经营者凭一己之力，为公司员工、投资人以及经营者本人都带来了丰厚的回报。

我的观点是，压倒性的投入资本是构筑壁垒的必要条件，而经营者的业务构想则是构筑壁垒的充分条件。没有一个故事能比小仓昌男的故事更能充分地说明这一点。

构想必须是极端的

高中时我曾很辛苦地读完了一本非常深奥难解的书——三木清的《人生论笔记》。这是一本哲学书，其中有一个简短的章节，名为《假说》。因为从本质上来说，业务构想就是一种假说，所以我认为《人生论笔记》中的这部分内容可以给构建壁垒思维提供某些启示，所以将它们引用到了本书中。

我们只要对照生活思考一下，就会明白思想是什么了。生活是事实，到处都是经验性的事物；而与生活相对，思想中则充满着假说。不具有假说性质的思想就不能被称为思想。纯粹作为思想而言，它所拥有的力量就是假说的力量。假设越宏大，思想也就越伟大。

假说性思考与逻辑性思考并非单纯地雷同。从某种意义上说，假说比逻辑更为基础，逻辑甚至就来源于假说……假说甚至可以通过自身来创造出逻辑。

小仓昌男认为"开发个人快递市场会取得巨大成功"的想法最初只是一个单纯的假说，而且是一个关于注定亏损行业中的假说。因为无论从常识层面、经验层面，还是从国家垄断行业这一现实层面来说，这种业务都无法赢利，参与这个行业只会使企业产生巨额亏损。但是独居慧眼的小仓昌男看破了其中玄机，凭借着他对业务经济性的敏锐洞察力，利用假设性构想创造出了"揽投网络"和"运输网络"这一严密且坚实的商业逻辑。

一切真正的思想总是具有极端之处的，因为它追求的是假说。与此相对，常识的最善之处在于它总是中庸的。真正的思想一旦变成行动，便具有了或生或死的性质。

小仓昌男的假说伴随着巨大的风险。对于这一点他自己也很清楚，他明白在事业开创初期，公司必定会出现很大的亏损，倘若稍有疏忽，大和运输公司就会陷入破产的危险。

或许可以说，思想不是假说，它必须是一种信念。正因为思想必须是信念，才说明了思想是假说。常识尤其不需要信念，因为常识不具有假说的性质。常识已经是某种信念了，而与此相对，思想则必须是某种信念。

被误解往往是思想家的宿命，因为世界上只有少数人明白他的思想是一种假说。

跟随自己一起打拼的创业伙伴和董事们纷纷反对自己的构想，但这并不表示他们心存恶意，而是因为一个宏伟的业务构想、一个足以创建起坚固壁垒的构想是无法依靠常识和经验来理解的。因此没有人会追随他、模仿他，于是坚固的壁垒就形成了。

折中主义作为一种思想是软弱无力的，因为它失去了假说的纯粹性。不管你喜不喜欢，它都是接近于常识的，而常识中并没有假说。

江头匡一创立连锁餐厅的想法一开始可能只是一个假说，但后来从这个假说中却产生了强大的业务逻辑。就江头匡一而言，他需要对中央厨房进行巨额投资。他背水一战，稍有不慎公司就会陷入困境，所以公司内外的反对声不计其数。但具有独特眼光的人肯定会毫无畏惧，绝不妥协，一心追求自己提出的假说。正因为如此，他们才能够建立起巨大的商业壁垒。

严选型投资者对"独树一帜的企业愿景"有着奇妙的偏好，但是对常识性战略却往往会不屑一顾。因为他们知道没有假设性思维就无法打造商业壁垒。在我看来，希望通过创建强大的壁垒来实现三方共赢的经营者，他们必须具备的思维方式就体现在"业务构想"这几个字中。

专栏　日本企业的冒险精神

前文中我们曾谈到过日本企业的赢利能力非常薄弱。企业要想做到持续赢利，其经营者或者要在成本上下功夫，或者要在风险上下功夫，而这些都需要投入大量资金，这是持续赢利的必要条件。而在本章中，我们提到了创建壁垒和创造超额利润的充分条件，即提出业务构想。

在我看来，独树一帜的企业愿景是投入成本、承担风险以及拥有业务构想的代名词。那么日本企业在这方面的表现如何呢？

早稻田大学研究生院的蚁川靖浩副教授等学者的研究成果表明：日本企业与世界各国企业相比冒险精神较弱，所承担的风险难以获得相称的回报。这项研究有一个比较有趣的地方，他们将"冒险精神"这一抽象难解的概念落实到了具体指标中。具体方法是根据单个企业的资产回报率与产业中间值的差值来计算出标准偏差，用这个标准偏差来表示企业的冒险精神。具体操作细节可参照原论文。简而言之，该项研究将与业内其他公司不同的投资行为视作冒险行为。比如在其他公司都踌躇不前时，这家公司却进行了谁都不愿做的大规模资本投资，这时它的资产积累会比其他公司多得多，因此这家公司的资产回报率就会暂时低于行业平均水平。但之后如果该公司的投资成功，收益就会逐渐增加，那么它的资产回报率也会超出行业的平均水平。

简而言之，一家企业与行业中间值的差值会出现波动。如果它与业内的其他公司采取相同的行动，就说明它的冒险精神较弱，但如果它采取了与业内其他公司不同的投资行动，则说明它具有冒险精神（见图6-3）。

从图6-3可以看出，与国外企业相比，日本企业最不具有冒险精神。它们大都与同行业中的其他公司保持统一步调，缺乏大胆的投资行为。此外，日本企业也大都处于风险与利润回

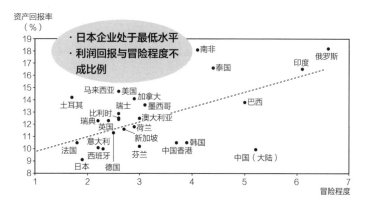

图 6-3　世界各国及地区的企业冒险精神与利润回报率之间的关系

注：资产回报率取自 2006 年至 2012 年 7 年间数据的中间值。根据单个企业资产回报率与产业中间值的差值来计算出标准差，用标准差来表示企业的冒险精神。

归线的下方，这说明企业没有获得与风险相称的回报。

　　在我看来，日本企业缺乏冒险精神便会很难提出优秀的业务构想。现代的商业环境并不友好，不承担风险便很难产生回报。我多次强调，企业要想建立商业壁垒，经营者就必须具有背水一战的魄力和精准的判断力。然而在这一点上，日本企业整体上却差得很远。

　　人们常说要重振企业的赢利能力，它的意思是要提高日本企业的收益率，但说到底，它的核心应该是重振企业的冒险精神，因为业务总是处在不确定的市场环境中。经营者愿意承担风险，大胆决策，指导经营活动不断取得突破，才是决定企业重振赢利能力的关键所在。

··· 第 6 章总结 ···

1. 投资家自己不具备一些东西，所以他们想要从经营者那里来获得，而这些东西就是特立独行的企业愿景或业务构想。它是只有经营者才能看到的企业愿景——"我觉得这项业务会经历这样的发展阶段，我能清楚地看到它"。它能改变企业的命运，创造出无法逾越的壁垒并持续产生超额利润。有时它甚至可以创造出新的产业。

2. 企业愿景是只有经营者才能做出的构想，也是只有经营者才会有的成败直觉。同时，这也是只有企业家才会有的附加价值，金融从业者无从获得。严选型投资者会因为这种业务构想而激动不已。正是在这一刻，他们感受到了隐藏其中的巨大商业潜力。这是投资者值得庆幸的一刻，因为他们终于遇到了值得进行投资的经营者。这就是经营者与员工们实现三方共赢目标的充分条件。

3. 作为严选型投资者，当我看过世界各国企业的冒险精神与回报图之后，心情颇为低落。冒险精神原本就应该是经营者必备的素养之一，然而令人失望的是，日本企业的冒险精神处在世界最低水平。风险与回报不相称也是一个问题，但是它完全无法与冒险精神的缺失相提并论。日本企业冒险精神的数据表现实在让人心灰意冷。

4. 毫不夸张地说，能否实现三方共赢完全在于企业是否拥有野心勃勃的经营者。但是从另一方面来看，在企业的经营过程中总会出现一个契机，从此企业的经营决策由乾纲独断的个人决策转变为集体决策。如果企业在这个转变过程中出现问题，那么它既无法维持住好不容易才构建起的壁垒，也守不住超额利润。所以在下一章中，我们将针对这种集体决策来展开考察。

第三部分

统管整个
公司

在前两部分内容中，我们打造出了强大的业务，实现了壁垒经营。但是令人遗憾的是，把业务做大做强并不意味着就能够实现三方共赢。因此在本书的第三部分，我将利用三章的篇幅来说明，以三方共赢为目标的经营者应该如何敏思慎行，经营好每个业务细节。接下来，让我们共同探讨怎样才能找到最合理的经营方式，实现三方共赢的目标。

第 7 章

胜利者的魔咒 1：集体决策

•••

假设通过前几步的努力，企业终于建成了商业壁垒。但是您如果认为这样就能实现三方共赢，那就大错特错了。要知道"打江山易，守江山难"。

经营者通过出色的经营能力构建起了商业壁垒，但是企业往往发展到某一阶段就会有灾难降临（这就是胜利者的魔咒）。据我所知，至少有两种胜利者魔咒，企业如果不能彻底解决它们，那么即使三方共赢近在眼前，也只能对它望洋兴叹。第一种魔咒是"集体决策"。集体决策的特点是经营者在做出决策时倾向于规避风险。在下文中我们将分析考察这一魔咒。

🦑 公司治理的三个阶段

不得不承认，我以前对公司治理似乎有些偏见。虽然我加入了日本企业董事协会这一开创性的企业治理组织，虽然我已成为日本年度企业管理评选委员会成员，甚至被任命为经济产业大臣奖的评委，但我却不太关注企业治理本身，反而对由此带来的超额利润、复利以及企业治理背后的业务构想非常感兴趣。

但是当我被任命为日本企业董事协会独立董事委员会的委员长（此前一直由 IGPI 集团的富山和彦会长担任该职位）后，我对企业治理问题有了新的看法。我开始思考"构建壁垒必不可少的冒险精神与企业治理有什么关系""能提出优秀业务构想的杰出经营者应该是什么样的，之后的集体决策制度应该是什么样的"等问题。

本章内容将围绕我冥思苦想的这些问题展开，核心内容当然是企业治理，但是我打算从另一个角度来切入这个话题中。这个角度就是"怎样的集体决策制度才能继承并发扬背水一战的冒险精神，维持和扩大企业的超额利润"。

第一个要点是公司的发展阶段不同，即所有权与经营权的分离程度不同，所以治理重心也会发生显著变化，而股份制原本就是以所有权与经营权的分离为前提的。企业在经营大规模业务时需要投入大量资本，还需要配备专业的经营管理人员。实际上，出资人和经营人不一定是同一个人。

随着股份制企业的发展，所有权和经营权必然会进一步分离。企业最初以家族企业的形式发端，而后吸引了越来越多的股东参与其中，股东带来的资本会逐渐帮助企业发展壮大。随着时间的推移，当初的家族企业创业者所持的股份会逐渐转移到股东手中。

按照所有权与经营权的分离程度不同，我们可以将企业经营分为三个发展阶段，如图 7-1 所示。

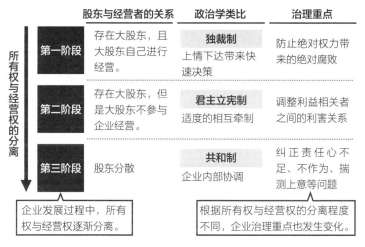

图 7-1　根据所有权与经营权分离轴划分的企业发展阶段

第一阶段是大股东亲自作为经营者参与企业的经营管理，这就是所谓的家族式经营形态。第二阶段是公司虽然有大股东，但他不参与经营管理。例如，某企业的创始人把经营管理权交给了家族之外的其他人。第三阶段是随着公司的发展，股东人数增多且分散，创始人则长期远离公司经营。

如果以政治制度做类比的话，这种分类的性质大概就如同独裁制、君主立宪制和共和制。当企业处于不同的发展阶段时，企业治理的重点也会随之发生明显的改变。

第一阶段：独裁制

在第一阶段，企业所有者拥有绝对权力。上层的决策能得到有效执行，因此这一阶段经营者具有快速决策、敢于承担风险的优点。正所谓"绝对的权力一定会滋生腐败"，这一阶段同时也伴随着滋生腐败的风险。事实上，长期自己做主的经营者往往会出现刚愎自用、经营行为失控的问题，甚至会晚节不保，这样的案例不胜枚举。因此这一阶段的经营重点应放在对强势经营者的监督上，防止其经营行为失控。

第二阶段：君主立宪制

第二阶段是类似于君主立宪制的经营形态。虽然大股东和经营者可以分担部分经营职能，但在较坏的情况下，他们之间的关系可能会变得非常紧张，甚至会爆发利益冲突。有的企业虽然找来了职业经理人，但是创始人仍然试图通过暗箱操作等方式来解雇经理人，重新掌权。还有的企业母公司解聘了上市子公司的社长和外部董事。

对于这种存在潜在紧张关系的企业来说，调整股东与经营者之间的利益关系，对企业经营进行适当监督，保护中小股东的利益，这些才应该成为这一阶段企业治理的重点。

第三阶段：共和制

第三阶段的优点是企业能够筹集到大量资金，但缺点是股东较为分散，所有权和股东责任模糊不清，对企业经营的监督力度也容易减弱。发展到这一阶段的企业都具有相当的历史和规模，企业内部往往形成了较为鲜明的等级关系和晋升套路，而且企业员工也具有同质化的特点。

这就是所谓的"职员共和制"。它的优点是企业很容易以民主的方式来解决问题，但它也存在一定的缺点。比如过度重视企业内部的和谐关系，以及因分权而削弱了指挥命令系统的权力。

集体决策制度乍一听上去还不错，但多人合议的形式容易混淆岗位责任，从而造成疏漏和偏颇揣测。企业在这一阶段容易出现大企业病，在某些情况下还可能有发生保守主义、先例主义的风险。可以说，这是容易丧失坚定决策的发展阶段。

在这一阶段里，冒险精神最容易被削弱。在我看来，日本企业之所以赢利能力不足，是因为经历了战后70多年的发展，它们大都已发展到了第三阶段。

·日本企业尚未找到发扬集体决策优势的好办法

有一组颇具意味的数据可以佐证这一观点。图7-2是日本企业和美国企业创业后在资本投资效益方面的调查数据。我们从图中可以看出，日本企业的资本投资效益在企业创立不久就开始急剧上升，在一段时间后甚至超越了美国企业。这充分表现出了日本企业家能够提出优秀的业务构想，并且勇于承担风险。但遗憾的是，之后日本企业的资本投资效益就开始急剧下降。从企业成立50年左右开始，日本企业的资本投资效益就一直在低位徘徊，投资收益无法覆盖资本成本，股东价值遭到损害，而且这种状态一直在持续。虽然美国企业在成立初期的资本投资效益要低于日本企业，但随着时间的推移会逐步提升，在企业成立 100 年后仍然稳定在较高水平，这一点与日本企业形成了鲜明对比。

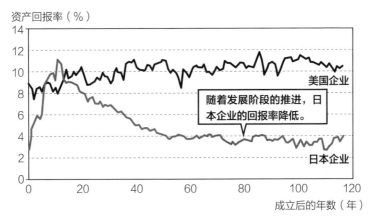

图 7-2 日本企业和美国企业发展阶段与资本投资效益的变化情况

在上一章中，我们讲到了日本企业与其他国家的企业相比缺乏风险承担精神。将这些学术性研究和所有权与经营权分离模式结合起来进行思考，相信您对日本企业会有一个更加清晰的认识。

日本企业在创始人经营时代（第一阶段），经营者以扎实牢固的业务构想来筑起商业壁垒，创造出高收益。然而随着企业发展到非创始人经营时代（第二阶段）和集体经营者时代（第三阶段），企业逐渐变得保守起来，失去了承担风险的勇气，好不容易构建起的壁垒也随之崩塌。其结果就是企业的资产回报率急剧下降，复利经营的风光不再。

从这里我们似乎看到胜利者的魔咒正在发挥效力。创始人构筑的壁垒越坚固，后辈就越容易在壁垒中安逸享乐、不思进取，逐渐丧失了冒险精神。日本企业是否应该好好反省一下，为什么从创始人经营体制到集体决策体制的转型并不顺利？换言之，为什么没有好的方法可以继续发扬前辈的冒险精神？

如果我们不克服这个魔咒，那么企业获得的高额超额利润将会急剧下降，三方共赢更是无从谈起。

🥄 集体冒险问题已经出现了正确答案

目前，较多企业处于第三发展阶段，这并非日本所独有的现象，欧美的大部分公司也都发展到了这个阶段。与此同时，我们也看到，解决冒险精神丧失问题的答案正在浮出水面。

通过第 5 章我们了解到，从人的本性上看，冒险原本就是件非常困难的事。不同的人对风险的承受力有个体差异，而群体想要进行冒险会更加困难。在集体讨论时，人们可能会被那些最不想冒险的人所左右，再加上所谓的风险就是"未来可能会更好，也可能会更糟"，所以人们对业务的未来发展自然会持有不同的看法。富有冒险精神的提案往往会输给那些（仅）根据眼前可见的事实而推导出来的"合理"观点（难怪当时大和运输公司的所有高管们对小仓昌男的提议都表示反对）。

企业经营环境存在极大的不确定性，收集的信息也很有限。在这种背景下，日本企业长期以来养成的集体决策习惯显然在冒险方面存在短板。鉴于此，在后文中我们将围绕破除这一魔咒的必要条件和充分条件展开分析。

·集体承担风险的必要条件

首先让我们看一下发扬集体冒险精神的必要条件。

在众人都难以抉择时，如果没有主心骨，企业就很难形成统一的意见。集体经营主义、多人合议制度是日本企业经营的优势，但是在需要主心骨的场合下，这些制度不仅难以发挥自身的优点，反而还容易成为企业发展的桎梏。因为从性质上说，风险承担精神与多人合议制度完全不相容。那么在这种情况下，怎样的集体决策制度才能更好地发扬冒险精神呢？

首席执行官肩负着一个重要的职责，那就是挖掘出企业的全部潜力。为了履行这一职责，他们必须拥有不容置疑的决策权，而且还要组建一个持有相同观念的管理团队。

这就好比在政治领域，新任的美国总统会亲自挑选自己的亲信来担任政府要职一样。因为只有与政治观点一致的人合作，他才能更好地履行基于直接民主选举而成为国家元首的重任。

这个逻辑同样适用基于间接民主选举所产生的日本首相及其内阁成员。如果阁僚之间发生分歧，无法履行他们被赋予的职责，那么内阁会被全部解散。

每个人都拥有自己的世界观，领导也不例外。但作为组织成员，他们必须服从决策者的安排，团结一致，才能堪当重任。这种逻辑不仅适用于政治体制，同样适用于企业经营。有的人因为在第一阶段和第二阶段亲身体验过强势社长所带来的弊端，所以他们更喜欢集体合议制度。在他们看来，赋予首席执行官巨大的权力是不可接受的。而且还有个现实问题，那就是真的有能够承担如此强大权限的首席执行官人才吗？

但是，尤其对于处于第三发展阶段的企业执行团队来说，他们必须要清楚，首席执行官的职责非常重大，除非有特殊情况，否则就必须严格执行首席执行官的命令。如果一名首席执行官没有强大的权力，那么他在充满不确定性和信息有限的竞争环境中，想要领导企业去执行带有风险的经营政策简直是天方夜谭。

·集体承担风险的充分条件

接下来让我们看一下发扬集体冒险精神的充分条件。

果敢的冒险精神与经营行为失控就像同一枚硬币的正反面，因此强大的权力也需要强大的制约力来约束。具体来说，我们必须要强化董事会这一管理决策机构的管控能力。

有强大首席执行官的公司，董事会应该具备以下几大功能：

（1）明确区分监督与执行职责。

（2）在此前提下，董事会可开展多种讨论，提前设定大政方针和监管指标。

（3）赋予首席执行官强大的执行权限，并要求他不偏离公司的大政方针。

（4）不干涉首席执行官的业务执行，重在事后监督和考核评估。

（5）当业绩持续低迷时，毫不留情地更换首席执行官。

这几点都带有企业治理理论的色彩。那么董事会为什么必须要具备这些职能呢？

众所周知，亚当·斯密 ❶（Adam Smith）认为近代资本主义的原动力之一就是"分工"。与其每个人独自分散地产出成果，不如集中各自的优势，展开分工，这样才能提高生产力，取得更好的业绩。在面对集体承担风险的难题时，我们也可以考虑把分工这种优秀的机制引入到经营决策中去。

三类董事会

负责经营决策工作的正式机构是董事会，因此在这里我将从分工的角度来梳理一下董事会的类型（见图 7–3）。

---

❶ 英国经济学家、哲学家、作家，是经济学的主要创立者之一。——译者注

		管理型董事会	顾问型董事会	监察型董事会
监督		暂无	暂无	以公司外部董事为中心的董事会
执行	（狭义上的）经营	执行团队	执行团队	执行团队
	（狭义上的）执行	执行团队	执行团队 + 外部董事	执行团队

图 7-3　三种不同类型的董事会

第一类：管理型董事会

长期以来，日本企业的董事会都属于管理型董事会，它们既负责经营决策，又负责业务执行（根据《公司法》，设有监事会的企业，它们的董事会几乎都是管理型董事会）。

这种类型的董事会不存在监督概念（或承担监督功能的概念）。董事会通常由社长的属下组成，因此社长本人几乎不受第三方监督。

实际上，董事会讨论的问题主要是业务执行问题。至于企业是向右走还是向左走，这种决策问题通常在经营会议或常务会等非官方机构中早有定论。董事会虽然是企业的官方机构，但对这类事情却往往只是事后追认。因此，在业务决策方面，管理型董事会属于分工最不明确的类型。

第二类：顾问型董事会

顾问型董事会需要引进外部董事，但其主要目的是希望外部董事为业务执行提供建议。这种类型的董事会并不期待外部董事能对企业经营进行监督，而是期待他们利用法律、会计或某一行业的专业知识和经验来给出业务执行方面的建议。这类企业对外部董事的要求是"敝公司希望邀请熟悉我们行业和业务的专家，为我们提供宝贵的意见和建议"。此外，顾问型董事会在业务决策方面仍然分工不明确。

我并不否认咨询职能本身，但是我们应该认识到，如果外部董事过度参与到业务的执行中，可能会影响到他发挥自己的监督职能。如果一位应该起到监督职责的董事提出了一些关于业务执行方面的建议，那么一旦业务恶化，他将无法严格约束该业务行为。

第三类：监察型董事会

企业决策层面分为监督、经营和执行等不同职责，第三类董事会明确对此做出了分工。董事会以独立的外部董事为核心，专门从事监督职能，完全不参与首席执行官领导下的执行团队的业务工作。董事会的作用不是干预企业的业务执行，而是以监察为主，并对业务执行结果展开评估。

业务决策在很大程度上决定了经营的好坏。在这方面，监察型董事会在事前会听取各种意见，进行广泛讨论，然后赋予首席执行官强大的权限。根据《日本公司法》，提名委员会等设置公司❶和监察委员会等设置公司❷，它们的董事会大多属于监察型董事会。

·监督、经营、执行三权分立，杜绝大企业病

在公司治理的第三阶段，无论有意还是无意，企业都容易出现过度厌恶风险的保守主义和先例主义问题。这样就容易出现员工揣测、追随上级或前辈的想法，以及权力分散的危险，这就是大企业病，尤其对于稳定享受高水平超额利润的企业来说，这就是"胜利者的魔咒"。采取监督、判断和执行各自分立的制度，对解决这一问题并保持企业长久和旺盛的冒险精神来说，具有非常重要的意义。

集体决策制容易陷入"胜利者的魔咒"，因此在监督层面，企业首先要设立一个能督促企业勇于承担风险的主体。董事会的职责是纠正多人合议制容易出现的风险规避倾向，同时监督业务执行团队是否充分理解了首席执行官职责的重要性，并按照首席执行官的命令迅速采取行动。其次，在经营层面，首席执行官应在董事会的支持下，根据自己的业务规划做出经营决

---

❶ 日本股份公司的类型之一，是一种设置有提名委员会、审计委员会和薪酬委员会的股份公司。——译者注

❷ 日本股份公司类型之一，公司成立由3名以上董事（至少一半以上为外部董事）组成的监察委员会，取代监事会，其职责是监督董事的职责履行情况。——译者注

策。最后，在执行层面，执行团队需要与首席执行官保持统一步调，迅速地实施经营决策。

由此我们可以看出，在充满不确定性的商业环境中，监督、经营、执行三权分立制度对于维持（违背人类本性的）冒险精神具有非常重要的意义。

如果我们将这种分工理论融入经营管理中，将给经营决策带来怎样的影响呢？关于这一点，我想再赘述几句。

· 承担监督职责的外部董事应如何在董事会中发挥作用

在董事会上，各方会提出各种议案，这些议案的重要性各不相同。对于有些业务来说，投资对象的经营决策会直接关系到投资回报。如果企业经营的是这类业务，那么会严重影响企业价值的重要议案一共有以下 6 种。

（1）经营计划（例如中期经营计划等）。

（2）大规模企业并购案。

（3）包括退出在内的业务重组。

（4）大规模投资（例如设备投资、研发投资、信息技术投资等）。

（5）资本政策、优化资产负债管理、股东回馈。

（6）决策过程 / 治理机制的设计。

当相关人员将这 6 种议案提交给董事会时，董事会能否对提案进行高质量的讨论，讨论能否得出正确的结论，合理提升企业价值，这对于实现三方共赢的目标而言非常重要。

在这6种议案中，日本企业最不擅长的就是"大规模并购"和"包括退出在内的业务重组"。董事会以及其中拥有监督职责（迄今为止，在日本企业管理中尚未存在这一概念）的独立外部董事应该思考些什么？他们应该如何应对这两种提案？这是我们接下来要思考分析的问题（以下框架参考了我在担任日本企业董事协会独立董事委员会委员长期间发表的《独立外部董事行动指南报告》一文。如果您对企业并购和业务重组之外的其他四个议题感兴趣，可以看一下这份报告）。

独立外部董事能够发挥的作用1：从不同角度影响并购决策

如今，企业并购是促进日本企业发展的重要选项之一。从性质上看，并购需要企业投入大量资金，这也是迄今为止日本企业容易出现巨额赤字的业务之一，可以说并购直接影响了企业价值。

首先请看表7-1，这是一些过去备受公众关注的大型并购项目的发展情况。在企业发布并购方案时，新闻媒体对其多有粉饰之辞。但很多并购项目实际上并没有取得理想的效果，有的项目业绩甚至惨不忍睹。

大胆的并购行为往往可以为经营者增添不少光环。当一个很有吸引力的并购方案或者稀缺珍贵的方案摆在经营者面前时，他们就会分泌与生俱来的肾上腺素，无论如何都想将其收入囊中。但是，在企业并购过程中随处可见各种陷阱。企业好

表 7-1　日本企业大型海外并购项目的业绩表现

企业名称	收购时间（年）	收购金额（亿日元）	对象国	对象企业	收购后的经营情况
NTT都科摩	2000	11380	美国	美国电话电报公司	2004 年以 7000 亿日元售出
日本烟草公司	1999	9400	美国之外的国家	纳贝斯克集团公司	息税折旧摊销前的收益从 2000 年的 3.4 亿美元上升到 2006 年的 10.9 亿美元
松下电器	1990	7800	美国	MCA	1995 年以 4730 亿日元出售
索尼	1989	6440	美国	哥伦比亚电影工业公司	1994 年低价售出，损失了 3100 亿日元
NTT	2000	6000	美国	Verio❶	到 2005 年评价损失了 8000 亿日元

❶ 一家为企业运营网站并提供互联网服务的美国公司。——译者注

续表

企业名称	收购时间（年）	收购金额（亿日元）	对象国	对象企业	收购后的经营情况
NTT都科摩	2000	4080	荷兰	KPN电信集团❶	2005年以750亿日元出售
普利司通	1988	3300	美国	凡士通	追加经营支援后，1993年12月开始赢利
古河电工	2001	2800	美国	朗讯公司的光纤业务	2004年3月进行业务重组，损失了1663亿日元
日立	2002	2500	美国	IBM公司的机械硬盘（HDD）业务	2007年3月评价损失了1600亿日元
日本电气股份有限公司（NEC）	1995	2000	美国	帕卡德·贝尔（Packard Bell）❷	1999年清算。损失了1900亿日元

❶ 荷兰第一大电信公司。——译者注

❷ 成立于荷兰，是西欧第四大台式机销售商和第六大笔记本电脑销售商。——译者注

企业名称	收购时间（年）	收购金额（亿日元）	对象国	对象企业	收购后的经营情况
三菱地所	1989	2000	美国	洛克菲勒中心	1995 年根据《美国破产法》第 11 章申请破产重组。评价损失了 1500 亿日元
富士通	1990	1900	英国	ICL	2003 年 3 月之前一直为亏损状态
新日矿控股	1988	1500	美国	古尔德	1994 年破产清算，评价损失了 920 亿日元
富士通	1997	1000	美国	阿姆戴尔	从大型通用计算机业务撤退。北美业务从 2005 年 3 月开始赢利

不容易在投标竞争中打败了对手，把并购对象收入囊中，没想到并购对象却极大地反噬了并购企业，这种情况并不少见。无论多么有吸引力的并购项目，其并购价格都不应超出并购对象本身的价值。花大价钱并购而来的企业，往往会让后辈经营者花费数年时间来填补亏空。这样的案例不胜枚举。

接下来我们就讨论一下独立的公司外部董事应该怎样处理这种问题。我们尝试从监督、经营、执行等不同角度，以冷静、客观的外部视角来切入这一问题。

对于具体议案当然需要进行彻底的讨论。但从监督的角度来看，最重要的是在日常管理中不断地完善企业组织、机制和程序，保证企业具有统一的业务观，并可以针对并购领域和并购案例进行讨论。从性质上来说，并购案一旦提出，通常需要马上得出结论，容不得漫长的讨论，所以没有时间留给企业去讨论业务观和审查制度等基础性问题。

与日常业务不同，并购项目往往还具有紧急性的特点。企业必须掌握相关方面的专业知识，能够迅速计算出并购对象的企业价值，并有能力拟定并购合同。因此，企业需要在平时就有一套专门的机制来做针对性预案。考虑到企业难以在短时间内判断并购案是否成功，所以还需要从长远的角度来设计执行团队的评估和薪酬机制（后文中提到的雅马哈公司的薪酬制度会给我们带来一些提示）。

从经营的角度，企业需要分析该议案是否背离了企业经营理念、与企业经营领域是否一致、是否影响到企业的核心竞争力，以及并购价格是否合理（日本企业在这方面的表现并不尽如人意，它们的出价经常会高于企业的实际价值）等，在这些方面，外部董事要给出客观的意见。

虽然执行职责本来不在外部董事的职责范围之内，但是从执行的角度来看，独立外部董事也可以就项目并购后的整合流程和治理方案提出自己的看法。

通用电气公司曾一度被誉为全球最佳并购公司。我在通用电气公司就职的朋友曾经告诉我，公司各个事业部的负责人平日里都有一份预收购公司名单，而且他们一直在计算这份名单中各家公司的市值，并不断调整排名。如果价格过高，那么收购的优先顺序排名就会降低，反之，则会升高。

此外，他们还经常思考收购这家公司后要怎样整合和提升其价值。得益于这种前瞻性的思考实验，通用电气公司能够成功地收购很多公司，也可以很快抛售掉那些不需要的业务。

独立外部董事能够发挥的作用 2：从不同角度影响业务重组决策

业务重组对企业来说是一种新陈代谢的过程，同时也是日本企业最不擅长的领域之一。有的企业会顾虑员工雇佣问题和管理人员的安置问题，于是难以做出业务重组的决定，使得经营问题愈发严重；有的企业在重要领域中的投资不足，导致在海外竞争中处于劣势。接下来我们来看一下欧姆龙公司的案例。

欧姆龙公司出售车载设备业务

2019 年 10 月 31 日，欧姆龙公司将运营的车载零部件业务转让给了日本电产公司，转让金额约为 1000 亿日元。

车载零部件业务是欧姆龙公司的五大核心业务之一，销售收入约 1300 亿日元，营业利润超过 60 亿日元，投入资本回报率曾经连年保持在 10% 以上，是一项能够稳定产出超额利润的业务。

汽车相关产业是一项被社会普遍看好的产业，所以众多企业纷纷参与到汽车零部件的市场之中。既然欧姆龙公司的目标是不断发展壮大，那么怎么看它都不应该退出该业务领域。

当听到欧姆龙公司宣布转让该业务的消息后，我立即联系了他们的首席执行官山田义仁。他说："虽然十分不舍，但作为社长，我不得不做出这一个决定。"这句话让我的印象十分深刻。既然十分不舍，那么山田社长为什么还要冒着巨大风险出售该业务呢？以下内容是我采访山田社长时的部分采访稿。

车载零部件业务，无论以前还是现在一直都是欧姆龙公司的重要业务。近年来的销售额和利润增长速度虽有些低迷，但利润率和投入资本回报率的表现都非常好，所以仅就目前来看，这是一项非常不错的业务。但是今后这项业务会发生什么变化呢？游戏规则又会变成怎样的呢？我认为这项业务领域最大的变化就是汽车零部件模块化的程度在不断提高。具体来说，汽车原来需要搭载 70 个控制器，而现在只需搭载 3 台车载电脑即可，未来硬件系统和软件系统将会分离。欧姆龙公司专长的控制技术在于控制器，现阶段我们尚且还能发挥价值，但是未来，包括欧姆龙公司在内的所有电气元件制造商都将被卷入生死存亡的变革旋涡中，所有人都无法逃离。

什么样的参与者才能够在如此重大的业务转型中生存下来呢？我认为只有拥有一切资源的特级参与者或在某个领域中能够脱颖而出的超级参与者才能在这场残局中存活下来。而欧姆龙公司要想成为超级参与者，就需要投入大量的研发资源。

如果欧姆龙公司不能投入巨额研发成本，那么还不如现在就将车载零部件业务转让给业界排名第一且有潜力成为超级参与者的公司。于是，我们决定将业务转让给最能发挥欧姆龙公司车载零部件业务价值的日本电产公司。

出售曾经付出感情的业务，我非常不舍。但是如果将日本电产公司的电机技术和欧姆龙公司的控制技术结合起来，就有可能制造出最强的电机模块。而且我觉得这样做会给认真对待这项业务的员工带来福祉，所以才决定转让该业务。欧姆龙公司的董事会也支持我这个大胆的决定。

"业务的最终走向会是怎样的""谁才能把业务做得最好"，这种业务观和卓越的经营理念是只有顶级经营者才具备的素质，只有顶级经营者才能做出这样的判断。这种思考离不开冷静地放弃饱含感情业务的胆识，以及大胆调整业务内容的魄力。而且董事会坚决支持山田社长伴有风险的经营决策也是对"集体决策应该如何直面风险承担问题"的最好诠释。

让我们结合这个真实案例，一起来分析一下业务重组这一管理课题。

这一课题在监督层面有一个重要的视角，那就是"这项业务最适合由谁来做"。当今的商业竞争非常激烈，企业很难在非核心业务领域中持续保持领先优势。企业不要被过去的荣耀所束缚，而要重新审视我们自身的每项业务，思考一下我们能否把业务做到最好，不断提高它的价值，我们是否是最适合做这项业务的公司。如果有所质疑，那还不如趁业务还算不错的时候将其售出，这样一来从事该业务的员工也会一直受益。由于业务重组这一课题并不适合包括利益相关者在内的集体讨论制，所以外部独立董事应督促企业完善决策制度，支持由少数掌权的管理层成员来做出决策。

从经营管理的角度来看，外部独立董事应该经常检查各项业务是否产生了超额利润，同时他还要意识到经营的复杂性。企业经营活动中最宝贵的资源就是经营者的时间和精力，董事会必须始终清醒地认识到，企业如果同时开展多项业务，那么这些复杂的业务体本身就会阻碍经营者的集中思考，从而导致企业在市场竞争中处于劣势。

执行职责尽管不在外部董事的职责范围内，但如果他仔细阅读了本书，那么即使他不了解某项具体的业务，也能够就各个业务的发展潜力提出合理的质疑和看法。独立外部董事需要找出重要的论点（例如具体某项业务的业务经济性、壁垒、风险、成本等投入资本及其背后的业务构想等），对业务做出合理的判断，还要确认该业务的执行团队能否制定并精准地实施战略。如果企业对这些问题没有明确的答案，那么外部董事们可以提出一些建议选项，包括退出该业务等。

三大委员会分担监督职能

本章到目前为止还没有涉及法律层面的企业治理制度内容，因为我并不想停留在制度选择这一形式层面上，而想把焦点放在保持冒险精神这一实质层面上。今后我也不打算改变这种立场。但是在本章的结尾，我想稍微谈一下与"集体决策中的风险承担"这一命题相关的制度选择问题。

正如我多次强调的那样，冒险精神和多人合议在本质上是不相容的。因此，如果企业想要冒险，唯一的根本性解决方案就是让某个人来做出决定（或者说依据某个人的业务规划来做出决定）。这就是我在上一章中提到的基于业务构想而做出的判断。这里的关键是，我刚提到的"某个人"（即首席执行官）能否凭借自己的风险洞察力和冒险经历做出合理的判断。

如果风险洞察力不足，首席执行官就会很容易将企业置于危机之中。但如果他在风险意识方面过于保守，那么他的决策就无法释放企业的全部潜力。这些就是风险承担方面的本质性难点。正因如此，企业才需要采用提名委员会等组织来设置公司制度。这类企业会同时设有"提名委员会""薪酬委员会"和"审计委员会"，而且它们之间分工明确，监督功能被横向分配给这三大委员会。如果分工后的三大委员会能够正常运作，就能对"第三阶段重振企业冒险精神"这一难题给出完美的答案（见图 7-4）。那么，三大委员会应如何各司其职呢？

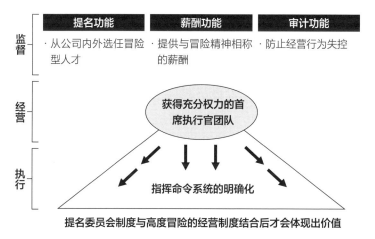

图 7-4　将监督职能分配给三大委员会，提高企业风险承担能力

·委员会 1：提名委员会

无须赘言，提名委员会的任务就是选出合适的首席执行

官，在某些情况下还可以解雇他。因为首席执行官的人选关乎企业的风险承担水平，所以提名委员会责任重大。

为了合理承担经营风险，企业需要从公司内外广泛招聘人才，以期帮助公司充分发挥潜力。提名委员会必须评估候选人的风险洞察力和风险偏好，考虑哪位候选人更适合当前的业务环境，然后任命他为首席执行官。这是一项艰巨的任务，所以应该有一个专门的机构来集中讨论它。

·委员会2：薪酬委员会

薪酬委员会的使命也很重大。首先，它必须达成一个有吸引力的薪酬制度，以此来吸引公司内外具有优秀风险承担能力的人才。当被选中的首席执行官通过风险经营为企业带来了高额回报时，企业要给他足够的薪酬。

日本企业的经营者薪酬普遍较低，在薪酬方面缺乏大胆的奖励机制和严厉的惩罚机制，这也是日本企业缺乏冒险精神的部分原因所在。虽然经营者为企业鞠躬尽瘁并非单纯为了高薪，但是如果没有足够的经济奖励，那么他们就不大可能认真面对风险承担问题。两袖清风的领导者自然是最好，但是这种人才可望而不可即。总体来说，没有吸引力的薪酬制度很难吸引到国内外的优秀人才。

·委员会 3：审计委员会

假设提名委员会选择了一位能够承担风险的首席执行官，然后薪酬委员会又提供了与业绩相匹配的薪酬，那么审计委员会最后要做的就是紧盯"冒险精神"这枚硬币的另一面——经营行为的合规性和失控风险。虽然我们希望首席执行官能充分发挥冒险精神，但是这些都必须符合社会规范的要求。

总之，从"第三阶段重振企业冒险精神"的角度来看，我们会发现，由提名委员会等组织来设置公司制度是最合适的制度了。因为该制度除了具备监督、经营和执行等纵向分工职能外，从督促企业合理承担风险这一点来看，它还具备监管层面的横向分工职能。

因此我认为，在冒险精神低迷的第三阶段，企业应尽可能地选择"由提名委员会等组织来设置公司"制度，如果做不到这一点，那么至少选择"由监察委员会等组织来设置公司"制度。

🍵 专栏　由提名委员会等组织来设置公司制度是为了合理承担风险

为了让读者更形象地了解三大委员会制度是如何有效地为企业的风险经营保驾护航的，在下文中我将介绍雅马哈公司的中田卓也社长的经营理念。

中神康议（以下简称"中神"）：作为日本董事协会"年度企业管理表彰活动"的评委之一，前段时间我提名了雅马哈公司为年度优秀企业。我选择雅马哈公司的理由是因为贵公司的经营无论在实质上还是在表现形式上都发生了很大的变化。那么，您能告诉我在经营状况不断改善，利润水平快速提高的背景下，贵公司是如何引入并完善三大委员会制度的吗？

中田卓也（以下简称"中田"）：我们引入这一制度并非是为了满足形式上的东西，而是因为这样做可以改善公司的经营状况。

中神：这就是真正意义上的管理改革。具体而言，你们推行了各种治理改革措施，例如进行董事会改革，设置提名委员会等三大委员会；提高外部董事的比例；设立执行董事等。

中田：事实上，我们也考虑过采用监察委员会等组织来设置公司制度。之所以最后决定采用提名委员会等组织来设置公司制度，是因为很多业务主管都希望每项业务先由董事会来做出决策，然后他们再参照执行。我认为这是不行的。我们可以让外人来监督公司经营，但是做决定的必须是我们自己。稍加调查就会发现，执行官❶可能会成为股东代表的诉讼对象。我

---

❶ 根据日本《公司法》的规定，只有在由提名委员会等组织来设置公司制度中才设立的一种岗位，主要负责业务的执行。——译者注

这样说并没有威胁业务主管的意思，而是希望他们在履行职责时要有强烈的危机感。在种种考虑之下，公司进行了董事会改革，从大包大揽型董事会改为了监察型董事会。

中神：也就是说，您引入了监察型董事会这样一个先进的制度。在这一机制下，执行与监督就像是汽车的油门与刹车一样各司其职。那么请问这种机制是如何与业务改革进行联合互动的？

中田：其实最了解企业优势的是我们公司内部的董事。让熟悉业务的人放心大胆地提出自己的想法和意见就可以最大限度地发挥雅马哈公司的优势，这就是企业发展的"油门"。但有的时候，一些在我们看来很正常的想法，却不被社会所接受。比如我们在热烈讨论投资建厂的重要性时，外部董事可能会以行业外的视角来向我们提问，让我们暂时冷静下来，比如他们会说："然后呢？项目的投资回报率水平怎样？"这种急刹车可以保护业务的理性发展，带给人一种安全感。也正因为有这一道防线，业务执行者才会大胆地踩下油门。管理形式只不过是一种手段而已，其目的是为了让管理实质更扎实和充分。

中神：我看过雅马哈公司的有价证券报告书，结果发现限制性股票中有一项追回条款（规定如果发现董事存在商业欺诈行为，董事需要返还过去获得的薪酬）。由于工作原因，我分析过很多公司的薪酬评估制度，但像贵公司的这种制度并不多见。

中田：为了实现公司的长期优化发展，我们采用的最后一个"楔子"就是限制性股票制度。在雅马哈公司，根据中长期财务关键绩效指标的表现，股东可能需要返还好不容易到手的股份奖励。我们先期支付股份红利为的是实现公司对股东的承诺。之所以会根据股数而不是金额来支付，是因为如果按照固定金额来奖励的话，公司股价上涨后对应的股数就会减少，短期来看反而会出现逆向激励的问题。

同时，在限制性股票的技术设计方面我们也颇费心思。比如告诉股东们"不要只看到眼前利益，如果不着眼于 10 年后雅马哈公司的发展，那么你手里的股票可能会变成一堆废纸""公司奖励的股票能否带来丰厚的收益，取决于 10 年后公司的管理层水平。因此不能总想着为自己的部门招揽人才，更应该着眼大局，为公司培养出下一代管理人才"。这种做法能够敦促领导层将眼光放长远，为公司选好接班人，保持公司的生力军优势。得益于该机制，我们公司人才辈出，未来把他们提拔到管理岗位上，雅马哈公司的企业价值还将会不断提升。

中神：贵公司的改革非常彻底。贵公司在技术层面的表现也都可圈可点，从散漫随意的运营主管制度转变为有法律依据的执行官制度，使管理人员进一步明确了自身的职责所在。除了引入限制性股票外，贵公司还通过追回条款来敦促管理团队将目光放长远，关注企业的未来发展。在此请允许我不谦虚地说上一句，我觉得中田先生观点背后的理论和我们 Misaki 投资公司"优秀的管理能够提升企业价值，企业价值提升又会带来股价提升"的想法不谋而合。

在这个案例中，中田卓也通过不懈努力，将公司之前2%的营业利润极大地提升到了12%，公司市值从他上任前的2000亿日元提升到了当今的10000亿日元。雅马哈公司重新焕发出了勃勃生机，这不仅体现在企业的经营业绩和股价等数字上，也同样体现在了企业文化和员工的人生价值实现上。案例中的企业很好地利用了提名委员会制度，挖掘出了企业的潜力，意义深远。

··· 第 7 章总结 ···

1. 公司是一个持续经营的实体。即使公司有了优秀的经营者创建起的强大壁垒，但是在他之后如果没有优秀的集体决策制度，那么企业好不容易得到的超额利润也会流失。我注意到很多日本企业在刚成立不久时都拥有较高的资本投资效益，但在经营一段时间之后超额利润便荡然无存，这一点很令人担忧。如果说经营就是如何做出决策，那么毫不夸张地说，日本企业还没有找到适合自身特点的集体决策方法。无论我们赞同与否，所有权和管理权的分离都是不可逆转的潮流。在这一潮流中，我们需要一种制度来确保企业可以长期具备冒险精神。这就是企业治理和经营管理中的分工制度。

2. 分工制度中除了监督、经营、执行这些纵向分工外，还有提名、薪酬、审计等横向分工。重点在于这是一个将焦点放在承担风险上的机制，一切都要围绕承担风险这一主题来设计每一个功能。这种分工制度特别适合处于职位责任不甚明确的第三发展阶段的企业。

3. 优秀经营者的个人决策体制很难过渡到集体决策体制，这或许是经营者个人的问题。优秀的经营者往往有绝对的自信（这是一种宝贵的资质），所以他们并不情愿接受构建集体决策这一权力约束机制。在这里，优秀经营者的个人决策制度与优秀的集体决策制度之间存在着相互对立的问题。

4. 优秀的创始人建立了强大的公司，下一代和下下代经营者可以安享其成，不必去冒险。但是长期处于这种安逸的状态下会让经营者丧失冒险精神，认为不去冒险是理所应当的事。这就是超额利润难以持久的原因所在，我们称之为胜利者的魔咒。要想做到三方共赢，条件之一就是要创建一个有效提升冒险精神的常设机制。

5. 超额利润难以持久的原因不止于此。在下一章中，我们将介绍另一个胜利者的魔咒。

第 8 章

胜利者的魔咒 2：均值回归
···

第二个魔咒是"均值回归"。企业构建了坚固的商业壁垒后，就会不断创造出超额利润，距离三方共赢的愿景越来越近。企业不仅创造了高利润，而且还能一直保持着高额利润水平，这是最理想的经营状态。然而这种最理想的经营状态也会受到企业重力的强烈影响，企业的自身重力会将经营业绩从高点拖拽至平均水平。这就是均值回归的魔咒。企业应在金融和财务理论的指导下积极消除该魔咒，这是三方共赢道路上的又一课题。

资本投资效益的三个指标

正如我在第 1 章中提及的那样，资本投资效益是企业在经营过程中利用资本来产出利润的效率指标。具体指标主要有三种，见表 8-1，它们各自有不同的含义。

表 8-1　资本投资效益的三大代表性指标

	资产回报率	投入资本回报率	净资产收益率
定义公式	$\dfrac{净利润}{总资产}$	$\dfrac{业务收益}{投入资本}$	$\dfrac{当期净利润}{净资产}$
评估对象	公司资产整体投资效益	投入资本的投资效益	股东权益的投资效益
谁获益	股东与债权人	业务投融资人	股东

·指标 1：资产回报率

第一个指标是资产回报率，它表示当你利用资产负债表左侧所列的资产进行投资时可产生多少利润（资产回报率的分母是总资产，因为它包括了股东和债权人的负债，因此分子中也要包含股东和债权人的收益，即息税前利润。在实际操作中也可使用利润总额）。

这个指标可以非常直观地看出资本投资效益，如果某家企业有大量不直接用于业务的资产，则该指标数值会偏低，这一点请务必注意。

·指标 2：投入资本回报率

第二个指标是投入资本回报率，它表示资产负债表中的

"用于业务的资产"可产生多少收益（资产回报率的分母是总资产，而投入资本回报率则是从总资产中扣除未用于业务的资产和应付账款等经营负债后，将仅用于业务的投入资本作为分母，仅以业务产生的利润作为分子来进行核算）。

投资者喜欢投入资本回报率的原因在于他们可以准确地判断投入到该业务的资本产生了多少利润（不受盈余现金和盈余资产的影响）。财务杠杆是否存在对它没有影响。它是一个直接体现业务本身赢利能力的指标，所以很符合长线型投资者的口味。

·指标3：净资产收益率

第三个指标是净资产收益率，它表示来自股东的投入资本能产生多少利润（所以此处的利润用的是当期净利润，即可供股东分配的利润）。

这个指标可以告诉我们公司正在进行什么样的业务活动，这些活动能为股东带来多少收益。上市公司大都需要公开该指标，所以它可以用来对比不同行业之间的投资效益水平。企业可以通过财务杠杆来人为地提高净资产收益率。所以即使企业投入资本回报率的水平很低（约等于业务本身的收益率低），股东自身也可能获得高额收益。当然，长线型投资者对这些伎俩是嗤之以鼻的。

资本投资效益需满足的三大条件

资本投资效益指标虽然有多种，但不论采用哪种形式，企业收益都应超出投入资本，产生超额利润。为了使股东所持股票的价值最大化，这些指标最好能满足图 8-1 所示的等式／不等式关系。接下来我们来做详细分析。

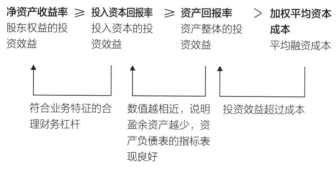

图 8-1　资本投资效益指标的理想关系

注：从理论和技术上看，各指标的分子部分并不相同，因此无法对它们进行严格意义上的对比。不过虽然分子有所差异，但从各自含义上看，它们之间存在上述的大小关系是一种理想状态。

·条件 1：资产回报率是否超过资本成本

首先请看资产负债表右侧的资本成本。资本成本中最典型的是加权平均资本成本。企业需要筹集资产负债表整个右侧（即负债与股东权益之和）的资金，所以资本成本由对债权人的债务成本和对股东的股东权益成本共同构成。加权平均资本成本表示的是按照负债与股东权益的比例，对债务成本与股东权益成本进行加权平均计算，得出公司筹集资金的平均成本（如某企业的资金为 100，其中债务为 40，股东权益为 60。如果负债成本为 2%，股东权益成本为 8%，则加权平均资本成本为 2%×40%+8%×60%）。

超额利润要求投资效益必须超过资本成本，所以要想创造超额利润，首先资本投资效益要超过这个加权平均资本成本。由于加权平均资本成本占据了资产负债表的整个右侧，因此第一个障碍就是资产负债表整个左侧所产生的资本投资效益是否能超过该指标。也就是说，这里会出现第一个不等号，即资产回报率是否大于加权平均资本成本。

·条件 2：投入资本回报率是否高于资产回报率

接下来是右边的第二个不等号。一家公司的资产通常包括一些现金、银行存款、闲置的不动产或交叉持股等不直接用于业务的资产。因此，减去此类资产后计算出的投入资本回报率水平应该高于资产回报率。如果企业没有有盈余的现金或资产，那么其投入资本回报率应该接近资产回报率。

·条件 3：净资产收益率是否高于投入资本回报率

这是最后一个不等号。净资产收益率可根据业务特征及竞争力水平来评估，例如风险低且收益稳定的业务，通过财务杠杆，可以实现较高的资本投资效益。如果企业通过多样化经营，收益的稳定性得到提升，那么就可以通过适当的财务杠杆来同时提高资本投资效益。

我知道有很多经营者拒绝使用财务杠杆。但在准确掌控业务稳定性和竞争力水平的前提下，使用财务杠杆来适当提高负债也不失为一种巧妙的经营手段。对业务特征把握得越清晰，就越能合理地使用财务杠杆，维持好净资产收益率与投入资本回报率之间的关系。

如果业务较为稳定，或者具有较强的竞争力，那么企业通过一些财务杠杆可以使净资产收益率高于投入资本回报率，甚至可以降低加权平均资本成本水平。但是如果业务不够稳定，竞争力不高，使用财务杠杆反而会很危险，这种情况下就不能勉强地使用财务杠杆，此时的净资产收益率和投入资本回报率应该相近。最糟糕的情况是净资产收益率要低于投入资本回报率（后文中会举出具体案例来进行说明）。

Misaki 投资公司将上述不等式命名为"Misaki 黄金比例"，并加以推广，用它来评估各家公司的经营水平。如果某企业所有资本投资效益指标都超过了资本成本，就意味着经营者正在产出超额利润。如果各个指标按图中顺序整齐排列（即净资产收益率的复利水平高于资产回报率和投入资本回报率），就说明股东权益增值的速度较快，这就意味着经营者距离三方共赢的目标已经不远了。

利用资本投资效益指标判断企业实际经营水平

下面我们通过一些具体案例来详细说明如何利用"Misaki 黄金比例"对企业经营情况做出判断（见图 8-2）。

制造类企业 A 公司			
净资产收益率 ＞	投入资本回报率 ＞	资产回报率 ＜	加权平均资本成本
19%	10%	8%	9%

· 投入资本回报率、资产回报率与（处于较高水平的）加权平均资本成本几乎处于相同水平。
· 仅净资产收益率的数值较高，它与投入资本回报率、资产回报率差值较大，说明企业只是通过财务杠杆来推高净资产收益率。

信息技术企业 B 公司			
净资产收益率 ＜	投入资本回报率 ＞	资产回报率 ＞	加权平均资本成本
19%	160%	49%	8%

· 所有资本投资效益指标都高得离谱，不等号方向错误。
· 因为资产负债表中记有大量现金，所以净资产收益率只有投入资本回报率 1/4 左右的水平。

图 8-2　利用"Misaki 黄金比例"进行经营判断

A 公司的经营业绩不是很均衡。净资产收益率数值高，但作为其前提的投入资本回报率和资产回报率却没有那么高，主营业务本身的收益率也不高。

就这家公司而言，由于它们使用了财务杠杆，所以净资产收益率指标看起来非常高。同时，加权平均资本成本的指标相对较高，达到了 9%。因此我们可以推测其经营的业务风险相对较高。果真如此的话，那么企业使用财务杠杆制造出的光鲜亮丽的净资产收益率反而会成为其减分项。除非企业提高主营业务的收益率，即资产回报率和投入资本回报率，否则它就无法高枕无忧地实现三方共赢。

再看 B 公司。这家公司是一家非常成功的信息技术企业，所有指标都处于非常高的水平，尤其投入资本回报率指标更是表现惊人，很符合不需要太多投入资本的信息技术类公司的特征。

然而遗憾的是，赚取了高额利润后，它们的现金储备却大量堆积在资产负债表中，没有得到有效利用，从而导致资产回报率远低于投入资本回报率。由于自有资本太过雄厚，没有建立起净资产收益率和投入资本回报率之间的不等式关系，因此企业经营并没有很好地实现业绩平衡。我们认为，应该把赚到的钱或者投资用于新的业务增长点，或者分配给股东，无论采用什么方法都应该把它们好好地利用起来，最大限度地提高股东所持股票的价值。

实现三方共赢的核查清单

为了提高净资产收益率的复利水平（相比资产回报率和投入资本回报率而言），使企业尽快实现三方共赢的目标，我列出了一份核查清单。读者朋友们可以仔细看看自己的公司是否也存在这些问题。

□资产回报率：资产回报率与投入资本回报率的偏差有无扩大？不直接用于业务的资产（现金、银行存款、交叉持股等）是否在增多？是否考虑出售运行效率较低的固定资产？是否考虑高价收购企业的商誉摊销？

□投入资本回报率：能否进一步缩短现金循环周期？能否优化长期应收账款和安全库存？应付账款是否合理？

□净资产收益率：净资产收益率和投入资本回报率的数值相同吗？不考虑适当的财务杠杆因素，资本成本较高的股东权益是否过多？统一的股息政策和股票回购政策是否符合公司的实际情况？

□加权平均资本成本：是否考虑过与业务风险相匹配的财务杠杆？是否通过合理的负债来降低加权平均资本成本水平？

如果企业切实解决了以上问题，就有可能满足"Misaki 黄金比例"，实现复利效应，最大限度地实现股东权益的增值。

高净资产收益率引发的巨大问题

假设企业根据"Misaki 黄金比例"最大限度提高了净资产收益率水平，那么紧接着它会进入下一场比赛，需要面对另一个胜利者魔咒。企业拥有较高的净资产收益率指标，这说明它距离实现三方共赢的目标又近了一步，这一点的确让人欣喜不已。然而高净资产收益率本身又可能会让我们远离三方共赢，这是为什么呢？让我们一起来分析一下。

一家企业能够创造出较高的净资产收益率水平，这说明它已经能够产出比股东权益更高的净利润。也就是说，它的资产负债表中会积累越来越多的现金。这样，资产负债表左侧的现金和银行存款会越来越多，右侧的股东权益数额也会越来越多。即使净利润的金额和损益表上的利润率保持稳定，但是随着股东权益的扩大，净资产收益率水平会逐渐降低，资产回报率也会随着现金的增多而下降。如图 8-3 所示，该公司通过不懈的努力构建起商业壁垒，稳步提高了利润率和净资产收益率，它在 2013 年左右的利润率和净资产收益率都达到了惊人的 12%。

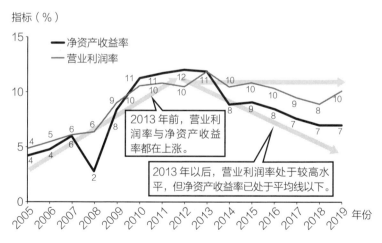

图 8-3　利润率较高，但复利水平处于平均线以下

但是在那之后，问题出现了。一家赢利水平如此高的公司，现金持有量在资产负债表左侧不断积累的同时，股东权益在资产负债表右侧也会不断膨胀。在这家公司的案例中，它的营业利润率仍然保持在 10% 左右。但同时（也正因如此）净资产收益率水平却在不断下降，从曾经高达 12% 左右直接下降到了 7% 这一业界平均水平，甚至稍有疏忽还可能会降到资本成本水平以下（此处的金额经营、效率经营与收益经营、复利经营之间的区别显而易见）。

企业为了避免现金量和股东权益的急剧增加，于是投资了与主业相关的业务。假如这些投资机会产生的复利水平低于当前业务的复利水平，那么即使企业不断追加投资，其净资产收益率和资产回报率水平也会逐渐降低（因为高复利水平的投资机会并不多见）。

一家复利水平惊人的公司，正是因为它的业绩表现太突出，才会仿佛受到重力作用一样，最终会回归到普通的复利水平。这就是可怕的均值回归现象。如果企业不想办法解决均值回归问题，那么触手可及的三方共赢模式最终会迅速消失。

为了对抗均值回归，维持和提高复利水平，企业必须认真考虑如何分配不断产生的净利润，使其在投资、股东派息和现金或利润留成上保持最佳平衡状态（见图 8-4）。

企业不同，利润的最佳分配比例也各不相同，但一定要注意：那些越是没有明确的回报目标却创造出高复利水平的企

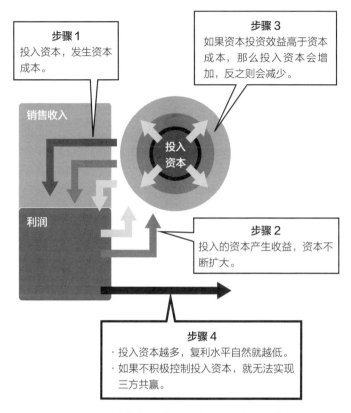

图 8-4　维持复利并使之最大化的难点所在

业，如果不认真思考如何将收益反馈给股东，就会陷入均值回归的陷阱。下文为您介绍几种规避均值回归陷阱的方法。

·规避均值回归陷阱的方法 1：保持最佳的现金持有量

首先，企业持有多少现金才算合理呢？当你分析不同公司的投资方案时，可能会发现有这样一类公司，它们的总资产构成中有相当比例的现金。究其原因，经营者会说："公司有时会遇到各种意想不到的危机，所以持有一定数量的现金，心里才不会慌乱。"

实际上我完全同意他的观点。在雷曼兄弟引发的经济危机期间，我经营的投资顾问公司所托管的资产减少到了之前的五分之一。对于投资顾问业务而言，托管资产减少到之前的五分之一就意味着销售收入也几乎减少到了之前的五分之一。这是一场严峻的经营危机。

我要求全员降薪，共渡难关。多亏了当时公司有相当数额的利润留成，我们才克服了那次危机。作为一个亲身经历过危机的人，我非常认可"公司需要保留一些现金"的观点。但同时世间万物皆有度，所以我为公司制定了以下规则（见图8-5）。

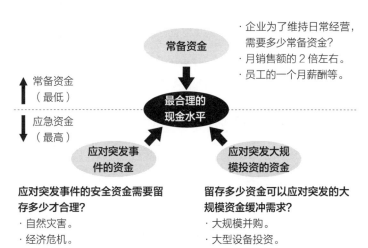

图8-5　留存多少现金才合理

　　我们可以从两个角度来分析企业最合理的现金持有量——常备资金和应急资金。常备资金视角指的是持有多少资金才能够保证企业正常运转。这通常需要员工一个月的工资，或月销售额的2倍左右，或年销售额的2%左右。最合理现金持有量的计算方法有很多种，虽然它会受到常备资金收支情况的影响，但基本上都是在常识范围内，所以无须进行过多讨论。

　　需要讨论的是"应急资金"这一部分。我们需要考虑两种突发情况，一种是应对突如其来的自然灾害或经济危机，另一种是应对大规模并购等突发性投资行为。

　　关于应急资金，《日本经济新闻》曾刊登过一篇很有趣的报道，该报道主要分析了各国公司在新冠病毒疫情期间现金储备方面的变化情况。

　　世界各国企业的现金储备在不断增加。3月底的现金储备总值创下历史新高，相当于企业月销售额的2.4倍左右。随着新冠病毒疫情的持续蔓延，经济发展基本上已处于停滞状态，企业销售收入直线下降，但固定费用方面的支出却没有减少，因此企业对资金不足感到了强烈危机。各国央行纷纷出台了特殊时期的货币政策，为企业提供便利的融资信贷，防止它们出现资金短缺问题。

　　……

　　日经旗下的调查分析网站QUICK FactSet公布了全球约

5500 家上市公司（不包括金融领域）在 2020 年 1—3 月的财务数据。调查结果显示，3 月底时这些上市公司的现金储备总值为 37000 亿美元，同比增长了 15%。这些现金储备总值相当于 1—3 月的月均销售收入的 2.4 倍，增加了 0.4 倍左右。

我们需要注意的是企业手头流动资金及其增减情况。与金融危机不同，新冠病毒疫情给实体经济的供需双方都带来了前所未有的冲击。但是，即使在这种巨大的冲击之下，企业增加的流动资金也只增加了月均销售额的 0.4 倍左右。虽然在疫情之前的企业流动资金也不多，只相当于月均销售额的 2 倍。很多研究数据表明，日本企业手头持有数量惊人的现金。据 2019 年 9 月彭博新闻社❶的报道，日本企业的现金储备总值达到了 5060000 亿日元，创历史新高。值得一提的是，2019 年日本的名义国内生产总值❷（GDP）仅为 5500000 亿日元，可见日本企业的现金储备确实太多了。

一旦发生此类危机时，日本人往往会大肆吹捧持有现金的好处。他们会说："你瞧，幸亏手里有现金。"这种说法本身并没有错，但是如果企业毫无逻辑地盲目储备大量现金，就只会

---

❶　全球最大的商业新闻社之一。——译者注

❷　指以生产物品和劳务的当年销售价格计算出的全部最终产品的市场价值。——译者注

淡化复利效应，与三方共赢的目标渐行渐远。我们应该对现金持有量进行理性讨论，确定一个合理的现金持有水平。

这里介绍一种思路，是昭荣公司前会长山田胜的观点。

昭荣公司是全球顶级的头盔制造商，其产品在业内具有压倒性优势，市场份额稳居世界第一位，直到现在它的市场地位依然不可撼动。但是您能想到吗？这家企业在35年前曾申请过破产重组。当时山田胜先生被任命为业务接管人，他通过多次改革，终于带领企业走出困境，发展到了今天。

作为一名将企业从破产边缘挽救回来的经营者，山田胜对于资金的使用规律有着自己独特的见解。他制定了严格的设备投资审查标准，从不乱花一分钱，总公司的办公环境非常朴素（这与公司产品的华丽风格形成了鲜明对比）。他认为公司的钱都是股东的，不能浪费股东的每一分钱，甚至在企业上市时都没有举办庆功会。但是如此讨厌浪费的山田胜也认为，企业必须储备一些现金用于自保。不过对于储备现金的计算方法，他有着自己的独特观点。他曾经这样对我说："我希望公司能储备一些现金，这些现金足够支付员工两年的工资。公司在经营过程中会出现各种不确定的情况，销售收入可能会突然间大起大落。在这种关键时期，如果解雇了重要的技术人员就是本末倒置……但是，如果企业储备的资金足够支付员工两年的工资，那么企业就可能在这两年时间里设法去应对危机。大部分业务在两年内都能恢复，如果一个经营者在两年内都不能带领企业走出低谷，那么他就不是一个合格的经营者。"

山田胜认为储备现金量反映了企业经营者的经营能力，经营者应该按照两年工资的标准来储备现金。在我看来，他的观点符合管理规律，具有实践指导意义。

至于突发性应急资金则基本上属于应对突发危机的范畴。虽然不同行业的应急资金数额不同，但是如果一个大型并购项目需要投入的资金超过了企业两年的人工成本，那么它的风险就过大。即使需要进行大规模的设备投资，突然需要如此巨大的资金也是不正常的。

无论哪个时代、哪个国家的经营者都希望持有充裕的资金，可以游刃有余地开展经营活动，而不愿意受到严格的限制。但这样做的话，资产回报率和净资产收益率的水平就会落入均值回归的陷阱，使企业永远无法接近三方共赢的目标。

· 规避均值回归陷阱的方法 2：根据有无投资机会来确定派息金额

无论个人投资者还是机构投资者，他们大多数人的目的都是获取股息分红，但长线型投资者却并非如此（对于那些高复利水平的公司，长线型投资者并不希望它们把利润用来发放股息，它们宁愿企业将利润用于再投资）。那些不了解企业情况，一味主张增配股息的投资家实在是大错特错。

值得注意的是，日本企业在股息发放方面与其他国家相比略有不同。如图 8-6 所示，我们将日本东证股价 500 指数和美

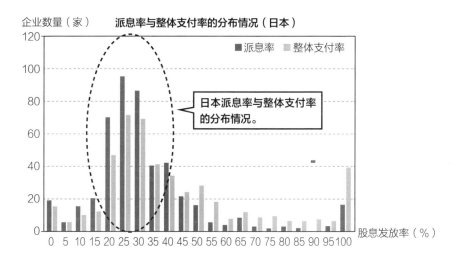

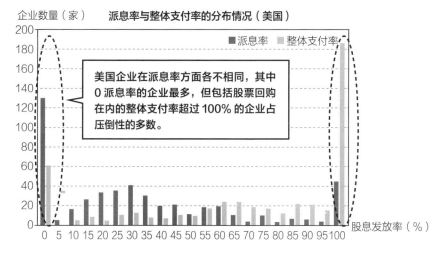

图 8-6 日本企业和美国企业在派息率与整体支付率方面的差异

国标准普尔 500 指数企业的股息发放率和包括股票回购在内的整体支付率情况（依据 2018 财年数据）进行了对比研究。我们发现，日本企业的股息发放率与整体支付率的分布呈现出较为集中的特点。股息发放率集中在 20% 至 30% 的区间内。与股息发放率相比，包括股票回购在内的整体支付率在图中略微向右偏移，但也集中在特定的区间内。

我们再看一下美国企业的分布图。谈及美式经营，很多人认为它的特点是"股东权益至高无上，股息发放率也很高"。但实际上，美国的大多数企业并不发放股息，这一点令人非常吃惊。在股息发放率 20% 至 40% 的区间内，我们能看到一些小的峰值。但总体而言，美国企业的股息发放分布区间较为分散，且走势平缓。总之，美国企业的股息发放率并不集中。之所以会呈现这种特点，是因为它们认为"分红应该根据企业的具体情况而定，比如有无投资机会等"。分红没有统一的行业标准或业内其他公司的标准可参照，所以美国企业会根据自身的实际情况进行灵活调整。

零分红的公司数量最多，说明美国企业有很多高收益的投资机会，多数公司认为"与其分配这些股息，不如把这些资金不断地投资到新业务上，以产生复利"。

· 规避均值回归陷阱的方法 3：股票回购

现在请看一下美国企业包括股票回购在内的整体支付率部

分。令人惊讶的是，大多数企业的整体支付率高达 100% 以上。虽然分红规则各有不同，甚至有些公司执行零分红政策，但企业仍然大量地回购自己公司的股票，多数企业的整体支付率已经超过了 100%。这说明美国人认为"自己公司的股票是一个非常好的投资对象"，而在日本这一观点并没有被大众所接受。

假设现在有一家企业，它凭借现有业务形成了较高的复利水平。最理想的情况是，有一绝佳的投资机会，可以产出超越现水平的复利。在这种情况下，企业收益最好不要以股息或回购公司股票的形式来回馈股东，而是大胆进行投资，持续产出高水平复利。

问题是当企业找不到高于当前复利水平的投资机会怎么办呢？此时也有一些选择项，一是简单地进行分红，二是通过并购来寻找新的商机，三是回购公司股票。

在没有找到理想投资机会的情况下，简单地分红从财务理论上说是可行的，但我认为这样会挤压公司未来的发展空间。当然，并购也是一个很好的选项，但正如第 7 章中所述的那样，并购有其自身的难点。由于买卖双方之间存在着信息不对称的结构性矛盾（卖方很清楚自身情况，但买方却并一定能准确把握并购对象的实际情况），所以即使买方赢得了一场波澜壮阔的收购战，也有可能在收购后发生意想不到的问题，使其疲于应对。

因此，作为第三种选择，回购股票将成为一种很有竞争力的选项。如果公司现在正处于高复利水平，那么公司就应该马上把股票当作资产买下来。公司自己最清楚股票资产的底细，所以不存在信息不对称的问题。

企业通过复利积累起大量现金储备以及股东权益，这些资产与其单纯地用来派发股息，或陷入不合理的再投资和并购陷阱从而导致复利被稀释，还不如将其用于回购处于较高复利水平的公司股票。这样既可以避免储备现金和股东权益的过度膨胀，又可以维持较高的复利水平。回购股票是摆脱均值回归这一胜利者魔咒的有效手段。图8-6中美国公司的整体支付率恰好证明了这一点。

·规避均值回归陷阱的方法4：根据业务风险情况来判断是否使用财务杠杆

最佳资本结构可能是经营者最不想触及的课题之一。即使那些紧盯资产负债表左侧过剩资产的经营者，也往往对资产负债表右侧的资本结构避而不谈。

每当谈到这个问题，我们总会听到强烈的反对声，经营者会说："我不是不明白经济学理论，可就是不想借钱。"银行出身的某企业社长说："我并不相信银行，所以我不借钱。"还有的人认为："靠财务杠杆来提高净资产收益率水平的美式经营，其合理性本身就存在争议。"

但不管怎么说，经营者在经营企业的过程中必须不断进行思考，停止思考是经营者的大敌。现在让我们照例边看数据边思考。日本、美国和欧洲的大型食品公司的主要财务数据对比情况见表8-2。

表8-2 日、美、欧食品行业财务数据对比

国家及地区	企业	净利率（%）	总资产周转率（倍）	财务杠杆比例（倍）	净资产收益率（%）
日本	味之素	2.6	0.8	2.3	4.7
	麒麟控股	8.5	0.8	2.5	17.6
	三得利食品国际	6.2	0.8	2.2	11.4
	卡乐比	7.8	1.3	1.3	13.2
	东洋水产	4.6	1.1	1.3	6.4
美国	可口可乐	18.8	0.4	5.0	37.8
	百事可乐	19.4	0.8	6.2	98.7
	通用磨坊	10.4	0.6	4.6	26.6
	家乐氏	9.9	0.8	7.1	55.9
	好时	15.1	1.2	5.7	101.8
	泰森食品	7.6	1.4	2.4	25.9
欧洲	雀巢	11.0	0.7	2.3	17.1
	百威英博	8.2	0.2	3.5	6.4
	喜力	8.5	0.5	3.0	13.7

我们对比分析了各个地区最具代表性、市值最高的食品企

业的相关数据，发现它们有以下特点。

（1）当期利润率：欧美公司的利润率一直以来都要远高于日本公司。

（2）财务杠杆：美国公司频频使用财务杠杆，欧洲企业也适度使用了财务杠杆。

食品和饮料是日常生活必需品。消费者的口味普遍比较保守，会习惯性地购买某些偏好的产品。因此，这些行业可以说是销售收入和营业利润较为稳定的行业之一。这类经营风险较低的行业也可能会承担一定的财务风险，所以西方企业通过承担适当的负债提高了净资产收益率水平。

请不要误解，我并不是盲目地推荐企业使用财务杠杆。有许多行业与市场行情高度关联，例如半导体相关行业和机床行业等。在这些行业中，拥有良好的财务状况和无债经营本身就是一种优势。因为它们可以在周围的参与者经营困难时，拥有足够的实力来逆势投资局势。对于这些行业来说，如果使用财务杠杆去追求短期资本投资效益，反而会损害企业的长期价值。相反，食品行业、批发行业、某些零售行业，或者掌握了行业规则的某些企业，它们的业务风险相当低，通过多元化经营来保持业绩稳定的风险也很低。对这类业务风险相对较低的企业来说，承担一定程度的债务风险再普通不过，这样做可以在不损害公司价值的前提下保持较高的复利水平。反而那些不擅长利用财务杠杆的经营者往往会无法发挥出复利效应的潜力。

与历史数据对比之后我们会发现，当今我们正处于低贷款利率的时代。另外，由于种种压力，股东投资成本居高不下。在我看来，企业应该适当地利用财务杠杆来降低加权平均资本成本水平，并最大限度提高净资产收益率水平。这对于实现三方共赢的目标具有十分重要的意义。

· · · 第 8 章总结 · · ·

1. 本章大部分内容都围绕资产负债表展开。它所依据的是欧美国家的现代财务 / 金融理论，所以可能给人一种西式的陌生感。

2. 我认为，如果一定要在西式和日式理论之间做出非此即彼的选择，并无助于实现三方共赢这一伟大目标。企业应该将复利效应最大化，最大限度地提高每个人的持股价值，还要优化现金储备水平，执行适当的分红政策，进行股票回购，合理施加财务杠杆，以此来抵御可怕的"均值回归"这一胜利者魔咒。这些举措与企业身处东方或是西方无关，也不会随着时代发展而改变，它们是企业经营的普遍性课题。

3. 如果不重视这些普遍性课题，企业便无法维持复利效应，也无法使之最大化，这样一来企业经营就会出现各种问题。在下一章中，我们将针对这些扰乱经营的因素进行分析。

第 9 章

排除经营干扰因素——股东激进主义

•••

完成最后一个步骤之后，我会进行全篇总结，并给出我的建议。不过在此之前，我想谈一下企业在未来的经营过程中必须要面对的一个问题——股东激进主义。

谈到股东激进主义（即股东插手干预企业的经营管理），大概经营者都会对其进行高度戒备。从长期视角来看，这是阻碍企业经营的要素之一，所以我们有必要回顾一下股东激进主义近年来的行动。

2005 年左右，美国对冲基金公司 Steel Partners 和日本村上基金公司的行动让人记忆犹新。2015 年至 2020 年，对冲基金公司 Third Point 介入索尼公司、Seven&I 控股公司 ❶ 等大型企业的业务剥离和人事管理事宜。最近，日本铁路九州公司和日本东京放送等公司也收到了激进股东的整改建议。

---

❶ 它是日本的 7-11 公司、伊藤洋华堂公司、日本丹尼斯公司在 2005 年 9 月合并成立的新公司。——译者注

股东激进主义在未来会发展到什么程度？股市中的激进型投资者就像恶魔一般，他们正在不断地进化发展中。企业除非从根本上设定对应策略，遏制他们的发展态势，否则自己的三方共赢之路就会受到阻碍。

日本股票市场受到激进投资者觊觎

激进投资者是如何看待日本企业的？为了搞清楚这个问题，让我们来重新评估一下日本企业的经营现状。

请读者回顾一下本书中的专栏和数据，在第 1 章和第 2 章中，我们通过分析数据得知，近 10 年来日本有半数以上的上市公司的超额利润为负值。这部分虽然被我一笔带过，但从内容上看却非常令人吃惊。资本主义经济要求有一定的资本回报，而超半数的上市企业在经营过程中却违背了这一基本原理，这导致了它们的超额利润为负值。这是日本股市长期低迷的根本原因。此类公司往往会成为激进投资者觊觎的目标，因为他们只要大肆宣称这家企业"损害了股东价值"，就能很容易地干涉和操纵这家企业。

在第 3 章和第 4 章中我们说到，日本公司的业务赢利能力仅为欧美公司的一半左右，而半数以上的上市公司之所以成为损害股东价值的公司，是因为它们没有使用资产周转率、财务杠杆等包含技术含量的调控手段，而是老实本分地靠业务自身来赚钱。而正是这一点往往会让激进投资者钻了空子。他们会指责经营者严重渎职，应该退位让贤，然后在董事会上推举自己人来担任要职。

在第6章中，我们谈到了日本公司在冒险精神方面处于世界最低水平，而且承担的风险没有获得相应的回报。与外国企业相比，日本企业出现了减少设备投资和研发投资的趋势。而那份只有经营者才能看到和拥有的独特企业愿景和事业野心早已消失殆尽。

在第7章和第8章中，我们也介绍了一些企业缺乏冒险精神的严峻数据。数据显示，日本企业在成立初期的投资回报率远超美国企业，但等到创业期结束，集体决策期开始后，企业就会陷入长期低迷状态。于是激进投资者借此指责企业的业绩表现不佳，向管理团队进行追责。这是激进投资者的惯用伎俩，而他们的典型攻击手段是批评经营者缺乏冒险精神，只顾明哲保身。

简而言之，对激进投资者来说，现在的日本企业到处都是可攻击的漏洞。反过来说，如果日本企业能反攻为守，通过产出超额利润来做到复利经营，致力于实现三方共赢，那么就可以很好地保护自己，避免遭受激进投资者的攻击。

·被激进投资者觊觎的企业有两个特点

表9-1中列出了一份容易被激进投资者觊觎的日本企业名

表9-1 容易被激进投资者觊觎的日本企业排名

综合排名	证券识别编码	企业名称	所属行业	综合得分	预期市盈率（倍）	3期平均净资产收益率（%）	预期股息收益率（%）	股票市值与净现金比例（倍）	金融资产比例（%）	资本充足率（%）	参考市净率（倍）	参考股价（日元）
1	5541	太平洋金属	钢铁	86.7	16.3	▲0.3	1.9	2.1	58.4	89.3	0.8	2699
2	9401	TBS控股	信息、通信	81.1	21.0	3.6	1.5	4.3	60.7	73.2	0.5	1729
3	1799	第一建设工业	建筑	80.7	13.0	6.9	2.0	1.4	51.4	86.5	0.6	1686
4	6706	电气兴业	电气	80.4	20.5	2.2	1.4	2.4	44.6	72.0	0.9	3260
5	3302	帝国纤维	纺织品	80.0	15.6	6.3	2.0	2.7	64.1	75.4	1.2	2027
6	6485	前泽给装工业	机械	79.9	13.1	5.4	1.8	1.9	39.4	82.9	0.7	2088
7	6804	星电	电气	79.6	11.7	9.0	1.7	1.4	55.9	70.5	0.8	1205
8	6247	日阪制作所	机械	79.3	15.1	3.9	2.1	2.0	44.2	82.0	0.5	968
9	6809	提议艾❶	电气	78.6	15.8	5.1	1.7	2.1	45.1	74.8	0.9	1146
10	6929	nicera❷	电气	78.3	27.8	5.2	1.8	2.2	64.0	89.2	1.5	2823

❶ 该企业在安全安防、信息通信、专业音响三大领域中，均可提供不同的高品质产品，以满足社会的多元化需求。——译者注

❷ 该企业专注于各种传感器、模块等电子零部件及其他相关产品的研发、制造及销售。——译者注

续表

综合排名	证券识别编码	企业名称	所属行业	综合得分	预期市盈率（倍）	3期平均净资产收益率（%）	预期股息收益率（%）	股票市值与净现金比例（倍）	金融资产比例（%）	资本充足率（%）	参考市净率（倍）	参考股价（日元）
11	4530	久光制药	药品	78.1	21.5	8.3	1.6	3.8	62.1	82.8	1.7	5110
12	7292	村上开明堂	运输机械	77.8	6.4	9.6	1.8	1.3	41.8	74.6	0.5	2533
13	7931	未来工业	化学	77.6	15.4	6.2	1.8	2.2	42.2	80.7	0.9	2196
14	5344	丸和	玻璃和土石制品	77.2	18.0	10.6	0.7	4.2	35.5	85.0	1.7	7770
15	5262	日本HUME❶	玻璃和土石制品	76.9	10.6	5.6	2.2	2.5	49.4	64.5	0.6	827
16	8595	集富❷	证券、商品期货	76.8	14.5	8.3	2.7	1.1	103.6	88.6	0.7	4235
17	5988	PIOLAX	金属制品	76.7	12.7	9.7	2	2.7	47.9	87.3	0.9	2211
18	6151	日东工器	机械	76.5	14.7	6.7	2.7	1.7	55.7	87.4	0.9	2331

❶ 一家主要从事混凝土产品生产的日本企业。——译者注

❷ 日本卓越的风险资本管理公司。——译者注

续表

综合排名	证券识别编码	企业名称	所属行业	综合得分	预期市盈率（倍）	3期平均净资产收益率（%）	预期股息收益率（%）	股票市值与净现金比例（倍）	金融资产比例（%）	资本充足率（%）	参考市净率（倍）	参考股价（日元）
19	4301	AMUSE❶	服务	76.5	18.8	11	1.2	2.1	62.3	63.3	1.6	2874
20	3657	博特盈❷	信息、通信	76.2	19.3	14	1.1	4.3	61.1	81.7	3	1046

❶ 日本业界的老牌大型演艺事务所之一，旗下艺人涵盖的领域相当广泛，其中又以培育音乐人和演员为主。——译者注

❷ 一家以创新进取，为客户提供全球定制化的解决方案的公司。——译者注

单。这份名单刊登在《钻石在线》特辑中。我们姑且不论名单中的企业是否真的成了激进投资者觊觎对象，在这里我们只需关注的是这些企业具有哪些特点。

特点 1：市净率在 1 倍以下

激进投资者觊觎对象的第一个特点就是股价瑕疵。与业内其他企业相比，该企业的股价长期处于低迷状态，企业管理层会成为问责对象，从而给激进投资者以绝佳的借口。

低于市净率[1]1 倍左右的股价会让激进投资者钻空子。当某企业的股价低于股票账面价值时，激进投资者会购买所有股票，把整个公司收入囊中。然后再伺机出售所有资产，大赚一笔。因此这种股价低于账面价值的企业会让嗜血的激进投资者欣喜若狂。

特点 2：没有守住 Misaki 黄金比例

激进投资者觊觎对象的第二个特点就是企业存在经营瑕疵，特别是资产负债表瑕疵。

我们通过观察表 9-1 就会发现有几个预警指标，比如"股票市值与净现金之比""金融资产比例""资本充足率"等。虽然这些预警指标可以帮助我们提前采取措施，防御激进投资者的侵袭，但我们仍需要想出系统性对策。这就是我在前一章中提出的 Misaki 黄金比例（见图 9-1）。

---

[1] 即每股股价与每股净资产的比例。——译者注

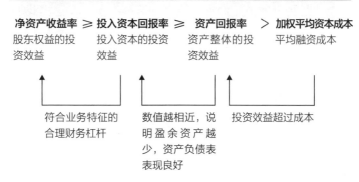

图 9-1　Misaki 黄金比例

容易成为激进投资者攻击对象的资产负债表瑕疵包括如下几种情况：

①资产回报率低于平均资本成本；

②资产负债表中有盈余资产；

③没有根据业务特点适当运用财务杠杆。

激进投资者目光敏锐，这种忽视资产负债表预警指标的企业很容易成为他们的攻击目标。所以那些对资产负债表瑕疵视而不见的企业，相当于公开宣称自己就是激进投资者的绝好攻击对象。

我在第 8 章中介绍过的资产负债表核查清单，既是实现三方共赢的进攻手段，也是抵御激进投资者进攻的防御手段。请读者按照以上提示重新检查一下，看看自己的企业是否会成为激进投资者的觊觎目标。

🖐 被激进投资者盯上之后

激进投资者有多种攻击手段，他们较为典型的做法是：

①以中小企业为目标，因为激进投资者不需要进行大规模投资就能成为它们的大股东；

②瞄准那些持有非必要资产和过多现金存款储备的企业；

③逼迫这些企业大量派发股息、回购股票和出售资产。

邪恶的激进投资者一旦动手，就会在股东大会上行使股东提案权，向经营者发出公开信或问责状，通过公司主页宣传其主张，有时会升级到法院诉讼。为了使自己的要求得到满足，他们甚至会揭露目标企业在管理上的不足和失误，并发布到公众媒体上。他们非常擅长演戏，是表演型的激进投资者。一旦发生以上情况，经营者将疲于应付，完全无暇顾及三方共赢的经营目标。

接下来为您介绍一个真实案例。总部位于中国香港的投资基金 Argyle Street Management 公司向日本住宅设备制造商长府制作所寄了一封信函（这封信的内容被公开在网上）。具体内容就不一一赘述了，简单来说，他们在信中盛气凌人地提出了从资本投资效益指标到董事构成共计 6 项整改要求，警告长府制作所"如果没有重大改进，我们将反对董事继续连任"。相信无论哪家企业突然收到这样的信函，都会惊慌失措，提高警惕。激进投资者瞄准长府制作所的主要目标是包括交叉持股在内的 900 亿日元净现金（约占其总资产的 65%）。在我看来，激进投资者要求企业将盈余现金大规模返还给股东，目的是借此推高股息收益和股价。

　　我们可以在他们的网站上找到 Argyle Street Management 公司对长府制作所的攻击过程，我们还可以看到他们频频发出的不同内容的信函。

Argyle Street Management
公司对长府制作所展开的攻击活动

　　（1）2018 年 10 月 10 日在长府制作所总公司举行面谈（第一次）。

　　（2）2018 年 10 月 22 日 Argyle Street Management 公司发出书面通知（第一封）。

> ·提出提高企业竞争力的各种措施。
> ·设定明确的关键绩效指标。
> ·资产负债表的效率性、潜在合作与合并。
> ·提高企业在海外投资者中的知名度。
> ·拓展海外业务。
> ·设立独立外部董事。

　　（3）2019 年 2 月 21 日 Argyle Street Management 公司发出书面通知（第二封）。

　　提议设定包含以下内容的中期经营计划：

· 设定明确的关键绩效指标。

· 提高资产负债表效率。

· 潜在合作与合并。

· 拓展海外业务。

· 设立独立外部董事。

（4）2019 年 3 月 5 日 Argyle Street Management 公司发出书面通知（第三封）。

· 要求在 2019 年 3 月下旬举行面谈。

（5）2019 年 4 月 23 日 Argyle Street Management 公司发出书面通知（第四封）。

· 要求根据公司治理准则和对话指南展开对话。

· 再次提议设定包含以下内容的中期经营计划：

· · 设定明确的关键绩效指标。

· · 提高资产负债表效率。

· · 潜在合作与合并。

· · 拓展海外业务。

· · 设立独立外部董事。

（6）2019 年 6 月 10 日 Argyle Street Management 公司发出书面通知（第五封）。

· 要求 2019 年 6—7 月举行面谈。

（7）2019 年 7 月 25 日在长府制作所总部举行面谈（第二次）。

（8）2019 年 8 月 6 日 Argyle Street Management 公司发出书面通知（第六封）。

- 要求对方充分说明将 9.11 亿日元记为非常损失（有价证券投资估值损失）的原因。
- 鉴于超过 70% 的净资产为有价证券投资，所以要求管理层对有价证券投资的选择程序和风险管理做出充分解释。

（9）2019 年 8 月 6 日 Argyle Street Management 公司向外部董事发送书面通知（第一封）。

- Argyle Street Management 公司要求两名外部董事根据公司治理准则参与管理，维护普通股东的权益。

在对方回应要求之前，他们会发送 4~5 次书面通知，催促与经营者进行会面。即使在会谈中企业对他们之前提出的问题给出了回应，他们也会从其他角度来继续施压。不仅是长府制作所的经营者，外部董事也被卷入其中，董事会需要耗费大量的时间和精力来商讨对策。

一位曾经被激进投资者攻击过的公司经营者告诉我，为了避免事态扩大，他们不得不暂停所有新的投资项目。事实上，无论企业是否满足了激进投资者的要求，他们的攻击都会给企业带来严重后果。企业内部辛苦设定的业务战略规划停滞不前，最糟糕的是员工的工作积极性也受到了打击。

企业用于应对危机的大量储备资金被激进投资者收入囊中

关于激进投资行为，我们还需要在另一层面提高警惕。这就是世界各国的中央银行采取的措施。

众所周知，过去15年以来我们经历了两次全球性危机，它们分别是2008年的雷曼兄弟引发的经济冲击和2020年的新冠病毒疫情引起的全球经济发展放缓。这两次危机对社会和经济的冲击虽有所不同，但世界各国的中央银行无不立即采取了量化宽松的货币政策，通过增加市场货币供应量，试图将危机产生的不利影响降到最低。

单就美国中央银行——美联储而言，在雷曼兄弟引发的经济冲击之前美联储的总资产大约为10000亿美元，到2020年已经飙升至约70000亿美元，增加了约60000亿美元。60000亿美元相当于6600000亿日元，比日本国内生产总值的总量还多，与整个日本股市的市值基本持平。在美联储向市场输入了如此多的货币后，日本中央银行和欧洲中央银行也紧随其后。当然，其他国家的中央银行也在实行量化宽松的政策。这些货币合计起来将会是个天文数字。

如此大量的货币供应会给经济的许多方面带来影响。游荡在市场中的这些货币在寻求高额回报，其中一些资金将被用于迄今为止最具有高回报特征的金融资产之一——激进主义投资。

我认为，为应对危机而供应的资金很快会对宽松的企业经营提出更为严格的要求。正在赚取高额利润的企业不再高枕无忧，因抢占了商业先机而享受高额利润的经营者不再一劳永逸，他们将会面临重要挑战，这需要他们发挥全部潜力来应对（现在美国已经出现这种趋势，我在下章中将做详细说明）。

激进投资者的观点本身（至少短期内）看似合理，符合股东逻辑，不会让人不问情由就完全否认。企业因为股票价格长期低迷，资产负债表中积累了许多不必要的资产，这些的确谈不上是好的经营。这就是企业难以对抗激进投资者的原因。

企业如果不想被人干涉自己的长期发展，就应该在平时培养"Misaki 黄金比例"思维，谨慎经营，充分发挥复利效应，通过复利和超额利润来实现三方共赢。这种方法同时也可以对抗激进投资者的攻击，可以说是一种攻防兼备的精妙之举。

··· 第 9 章总结 ···

1. 本书中列举的大量数据都说明了当今的日本企业在经营方面存在很多问题，这些问题使日本企业成为激进投资者垂涎欲滴的攻击目标。如果我们不立即改变经营方式，争取产生超额利润，那么日本经济也会遭到激进投资者的疯狂挑衅。

2. 企业一旦成为激进投资者的目标，对方会不择手段地侵蚀企业，有时甚至会动用诉讼手段。为了让自己的观点显得冠冕堂皇，一些表演型激进投资者甚至会利用媒体的力量。在这些干预之下，企业很难长久地发展下去。

3. 就目前而言，社会上的货币存量会越来越多。部分渴望高回报的资金将流向激进投资者，进一步助长他们的嚣张气焰。这些人未来肯定会进犯日本经济。那么日本企业应该怎样排兵布阵来应对日益猖獗的激进投资者？关于这一点，我会在最后一章中给出自己的答案。

第 10 章

以最快速度实现三方共赢——三位一体经营
· · ·

到目前为止，我们已经讲完了如何实现三方共赢——三位一体经营的所有步骤，成功克服了"胜利者魔咒"，并排除了最后的干扰因素，三方共赢的目标就在前方。这是一条十分艰辛的道路。在最后一章中，我们要寻找一种方法，让我们可以用最快的速度来完成所有步骤。那就是结合迄今为止我们所谈到的严选型投资者特有的思维和技巧，把经营质量提升到更高层次，让每个人都富裕起来。接下来，我想结合哈佛大学法学院的研讨结果以及这些经营理论在北欧、北美的业务实践，向读者展示如何以最快、最简便的方法来实现三方共赢的目标。

消除对严选型投资者思维和技巧的抵触心理

在本书中，我介绍了复利与超额利润、业务经济性与企业壁垒、集体决策与控制资产负债表等经营技巧方面的知识。事实上这些知识并不鲜见，但是因为某些原因，这些知识和技巧并没有渗透到日本企业的经营管理中去。

究其原因，主要是因为经营者自身在心理上抵触这些技巧。他们的头脑中根深蒂固地存在着某种思维模式，使他们无意识地从心理上抗拒这些技巧。具体来说，这种思维模式就是"公司是命运共同体"的想法（法律上称为法人实在说）。

而投资者所持的观点恰恰相反，他们认为"企业是一种可以比较、可以交易的资产"（类似于法律上的法人拟制说）。这种观点缺乏人情味，让企业经营者和员工都感到不舒服，更直白地说，让他们感到非常气愤。但是为了提高持股价值，实现三方共赢，我们应该在日常业务管理和组织运营中引入这种思考方式。

为公司辛苦工作的人们很难完全接受法人拟制说这种冷酷的思维方式。但是，如果不接受这种思维方式，只是单纯学习某些技术理论，这些理论将很难被应用到实践中。经营者即便已经在脑海中形成了正确答案，内心也会被命运共同体所特有的、说得好听些是强大的意志力，说得难听些是被黏性所束缚，无法做出大胆的决策。

将资源配置到需要构建壁垒的特定业务中；大胆对某些业务进行重组，哪怕它们历史悠久且充满回忆；将前辈们辛苦积攒的储备现金和股东权益利用起来，维持和扩大复利水平……经营者要执行诸如此类的经营决策，除非彻底刷新其旧有的思维方式，否则很难在现实中实现。这就是看起来并不高深的技术理论难以应用的症结所在，同时也是在未来实施过程中的难点所在。

🍵 经营者与投资者在根本职能上具有共性

如此一来，可以说经营者和投资者的思维方式是对立的。但同时两者在本质上又具有共性，即他们都具有投资职能。

经营者管理的是整个公司。他通常会将个别业务和某项职能委托给他人，自己则通盘管理整个公司。他看似平时什么都不用做，但在事关企业发展的重大问题上，他会果断决策，一手定乾坤。他做出的决策是对有限资源的倾斜配置，是最高难度的投资决策。公司从股东处和银行融资后，承担一定风险构建起了业务壁垒，会让很多人受益。但是冒险过程往往需要压制公司内外各种强烈反对的声音和自我内心的恐惧，冒险经营的责任也必须由经营者自己来承担。正因如此，他们最看重结果，结果说明一切。经营者正是个不得不肩负决策职能，砥砺前行的辛苦角色。

有趣的是，那些在谈笑间从事企业交易的严选型投资者，事实上他们的职能与企业经营者非常相似。为了确定某家公司的价值和增长潜力，严选型投资者必须将公司视为一个整体。他们每天都会研究市场竞争环境，分析财务数据。不过，单单这样的分析还不足以使他们区别于普通投资者。如何解释分析结果，如何做出判断，这才是决定投资成败的关键所在。总而言之，投资者的劳动成果就是在最后一刻做出是买还是卖的投资决策。严选型投资者的工作就是利用出资人的资金，日复一日地从事投资行为。他们的所有决策都会以数字形式呈现，通过市场对比、同行对比来表现出来，对他们来说，结果说明一切。

这就是虽然经营者和严选型投资者在思维方式上截然相反，但是在根本职能上却如此相似的原因（见图 10-1）。

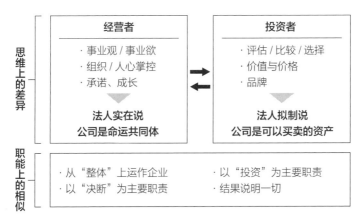

图 10-1 经营者与投资者的思维方式和职能

如果我的这种认识是正确的，那么经营者和投资者通过学习对方的思维方式，就可以提高各自所需的能力。通过更深入地了解经营现状，投资者就能够做出更好的投资决策。理解了复利、超额利润、业务经济性、Misaki 黄金比例等投资思维和技巧，并将它们运用到企业经营中，经营者便可以更好地做出投资判断。

我在前一部作品《被长期投资的企业和被短期买卖的企业》一书中曾引用巴菲特的名言："因为我是经营者，所以我成为好的投资者；因为我是投资者，所以我成为好的经营者。"这一至理名言恰恰佐证了我的观点。巴菲特无疑是成功的投资者，但同时他也是一名成功的企业经营者，他经营着一家名为伯克希尔－哈撒韦的商业公司，该公司的市值在全世界名列前茅。

因为工作关系，我接触过很多优秀的经营者，他们都在各自领域有着出色的经营表现，其中大部分人都喜欢以个人身份进行股票投资。在投资股票时，他们并不把企业简单地看作命运共同体，而是从多个角度来考察企业，把企业当作"可持续创造利润的机器"，对多家企业进行整理、比较和评估，然后瞅准时机进行投资。正因为他们在日常经营中锻炼了这种思维和技巧，所以能在现实经营中做出出色的决策。

反过来，如果经营者和投资者只盯着彼此思维方式的差异，没有站在对方立场去理解对方，有时甚至把对方视作敌人的话，那么即便学到了复利、超额利润等个别技术理论，也难以将它们应用到经营实践中去。在经营实践中，将企业看作命运共同体的思维容易阻碍倾斜资源配置和事业重组等重大决策和行动。

兼具投资人思维与技巧的经营者

·铃木洋

在日本，兼具投资人思维和技巧的经营者之一是豪雅公司的铃木洋社长。铃木社长自 2000 年上任以来，带领公司员工利用 20 年时间，以 5% 的销售收入增长率、近 25% 的营业利润率以及 4 万亿日元的市值创造了经营神话。他同时也是一位擅长进行企业收购和出售的经营者。

铃木社长用一句话道明了经营的本质："社长的工作，说白了，干的都是投资人的活。"他着眼于大局考虑旗下业务，果断舍弃了那些不适合公司整体发展的业务，同时不断并购可促进公司发展的业务。在交易价格方面，他的做法与投资人并无差别，甚至更加苛刻。

最近有这样一则报道。在东芝公司宣布要收购半导体设备制造商纽富来公司并将其打造成全资子公司之后，对该公司的巨大协同效应潜力觊觎已久的豪雅公司，以略高于东芝公司的价格发布了公开收购❶方案。不过，纽富来公司的大股东——东芝机械公司决定接受东芝公司的收购（尽管东芝公司的收购价格要低于豪雅公司的报价）。此时豪雅公司明明可以提高收

---

❶ 指收购方向目标公司所有股东发出收购要约或与之进行协商。——译者注

购价格来参与竞争，但它却降低了收购价格。豪雅公司采取了日本市场上少见的公开收购这种激烈的手段来参与收购，但是最后却铩羽而归。尽管如此，我们仍可以窥见铃木社长那非常娴熟的投资思维和技巧。以下内容摘自《日经商业周刊》（电子版）的采访稿。

记者：贵公司的出价比东芝公司的公开收购出价要高出1000日元，请问这是否有意为之？每股12900日元的出价有何深意呢？

铃木社长（以下简称"铃木"）：这个价格是我们的预期价格，我们并没有参考东芝公司的价格，而是根据投资回报计算得出的结果。最终我们计算出来的价格刚好高出东芝公司公开收购出价1000日元。

记者：也就是说，这是你们一开始就决定好的价格，是吗？

铃木：我们认为纽富来公司带来的协同效应对我们的经营战略也很有意义，所以曾多次与东芝公司商量，希望他们把纽富来公司让给我们。在此过程中，我们结合协同效应，演算怎样的收购价格才会产生合理的投资回报，最终我们报出了自己可以接受的价格。而东芝公司通过公开收购报出的收购价格恰好比我们的略低而已。事情的经过就是这样。

记者：东芝公司对于豪雅公司的公开收购似乎没有回应。您有考虑过提价吗？

铃木：没考虑过。因为提高收购价格，就意味着降低了我们的回报率。对我们来说，如果交易价格能够给我们带来回报，那交易就是成功的。否则，就不会考虑收购。在公司经营中，我从不会通过勉强提高收购价来削弱公司整体的回报率。因为我们的报价都是在做出各种假设和精确计算后得出的结果，我们会计算这期间我们大概会获得多少回报。逆向计算之后，就会算出最合理的收购价格。如果不断提高收购价格，那么我们的投资就得不到回报，股东价值就会受损，这样做没有任何意义。

……

我们公司只按照自己的定价来进行交易。所谓的市场公允价格、卖方期待价格，对我们来说并不重要。如果接受我们的报价，我就买下，否则就退出交易。

记者：早些时候，您曾表示正在探讨下一个支柱型业务，但是这次却眼睁睁地放弃了纽富来公司这一商机。

铃木：很多情况下，我希望能够达成交易，然而因为估值原因，往往没能达成交易，这的确有些无奈。正因为无奈，所以我才会有"先观察一阵再说"或者"有没有其他项目"的想法。以前是这样做的，今后也不会改变。股市不会长期像现在这样，长期来看还是有机会的。最理想的经营就是低买高卖，所以我只好等待下一次机会。我们就是这样一家公司。

企业并购行为往往能让人热血沸腾，肾上腺素飙升。然而在这种情况下，投资者仍然冷静地坚持"投入资本一定要获得相应的回报"这一原则决不妥协，这一点实在让人佩服。

纽富来这家企业因为与豪雅公司的业务产生了巨大的协同效应，所以进入了豪雅公司的收购视野。很早以前，豪雅公司就想让东芝公司将这次收购让给自己。不过与此同时，豪雅公司也在寻找其他的投资机会并进行比较，冷静地计算出能够获得期待收益的合理价格。

正是由于这些努力，他们才能够在收到消息的第一时间就参与了公开收购活动。但是，用于进行公开收购项目的投入资金原本是股东委托的资金，如果出价过高，无法获得合理的回报，那么就应该调整收购价格。即使当时的市场价格和卖家的要价与你预期价格相差不大，也不应该调整已经确定好的收购价格。我认为这种投资实践，正好体现了"社长的工作，说白了，干的都是投资人的活"这一观点。

在传统的日本企业经营者看来，铃木社长的经营思维和技巧十分高明。事实上，除了铃木社长之外，还有很多优秀的经营者也都结合了投资者的思维和技巧，取得了优异的成绩。

·手代木功

盐野义制药公司的手代木功社长也是兼具投资家思维与技巧的经营者之一。手代木功社长经常说："没有什么事情比当社长更难的了。社长每次做出的决定都像在走钢丝一样。"他克服了许多挑战，创建了一家高收益的公司。我觉得他具有投资者的思维。据说盐野义制药公司里有一个名为"业务报告会"的会议。会议上，手代木功社长总是站在股东的立场上提出各种苛刻的问题。对于集团各分公司的经营者来说，这是个极好的锻炼机会。他们以俯视的视角，鸟瞰整个业务，采用投资者的思维来管理企业。

·内山俊弘

我拜访过日本精工公司的内山俊弘社长，问他为什么要积极引进外部董事，他的回答颇为有趣："我们的员工坚信我们的产品不会消失，企业会长期发展下去，因此我们只管做好我们应该做的。同时，电子电器等行业近 20 年间发生了翻天覆地的变化，我们需要借助外部董事的力量，来推动企业的持续发展。"

内山俊弘社长常以一种冷静的姿态审视日常经营的业务。他还说："公司内部讨论时，往往认为只要提高销售收入和市场占有率就可以了，但这样很容易陷入自我满足的陷阱。因此，随着收益的不断增长，我们需要有公司外部的治理观念参与进来。"

"让外部人员参与进来，摆正经营态度，股东的钱要花得明明白白，不论是在销售环节还是制造环节，经营者都需要尽到自己的责任"，这种投资回报的意识体现了投资者的思维和技巧。

·杰克·韦尔奇

美国通用电气公司的杰克·韦尔奇（Jack Welch）被誉为20世纪最佳经理人，他以"五大问题"为武器，取得了优秀的经营业绩。通用电气公司旗下拥有众多业务，他作为掌门人，这五大问题成为他判断业务可行性的分析工具（以下内容参考了神户大学研究生院三品和广教授的著作《经营非十年不成》）。

在韦尔奇上任之前，通用电气公司的经营流程是这样的：业务负责人向集团经营者提交一份详细的业务计划，集团经营者花费大量时间来阅读并进行资源配置。但是韦尔奇上任后完全停止了这个审查过程，他认为该过程只是在做表面功夫，因为即使向经营者展示了详细的商业计划，他也不会比事业部负责人更熟悉业务。我们前文中说过韦尔奇推崇五大问题，那么它们究竟是哪些问题呢？

（1）在全球范围内市场正在发生怎样的变化，未来几年又将如何变化？

（2）在过去3年中，你在竞争中采取了哪些措施来改变这一趋势？

（3）在过去3年中，你对这些趋势和变化做了什么？

（4）竞争对手在未来3年内可能采取哪些有威胁的行动？

（5）综合以上几点，你最有效的对策是什么？

对于这五大问题，业务事业部负责人只能将答案写在一张 A4 纸上，并与韦尔奇进行面对面交谈。通过这种方式就能决定通用电气这一巨型公司的资源配置问题。凭借有名的"第一和第二"战略❶以及这五大问题，通用公司每年交易了数百项业务，积极进行业务重组，将通用电气发展为一家实力强大的公司。通用公司之所以能取得成功，资源配置当然在其中起到了重要作用，但最重要的是其背后冷静观察公司业务的思维与技巧。

🐢 什么是全球最先进的企业治理理念

现在许多企业都开始考虑将投资者的思维和技巧融入企业经营中去。2019 年 3 月，哈佛大学法学院举办了公司治理论坛。在论坛上，哥伦比亚大学的吉尔森（Jillson）教授和戈登（Gordon）教授倡导的"董事会 3.0"概念成为人们关注的焦点。

让我做一个简单的说明。在第 7 章中我曾讲过，日本企业的董事会对监督的概念是模糊的，它们大多数是将经营和执行混为一体的"管理型董事会"。就在不久之前，这种形式在欧美还占多数，这就是"董事会 1.0"时代。

管理型董事会虽然有其优点，但由于企业需要加强监督职

---

❶ 不做到行业数一数二就要被卖掉。——编者注

能，因此业界开始倡导以外部董事为中心的董事会，即所谓的"监察型董事会"，以实现业务监督与经营、执行的分离。这种董事会不仅风靡欧美国家，在世界各地也已成为一种大趋势，这就是"董事会2.0"时代。日本正处于追赶这一全球潮流的阶段。

对这种"董事会2.0"时代提出质疑的正是吉尔森教授和戈登教授。他们强烈质疑监察型董事会中的外部董事能否真正发挥其监督职能。他们的论据可以概括为"信息过少、资源不足和意愿受限"。虽然外部董事真心想帮助企业做好经营工作，但是实际上却存在以下问题：

（1）他们无法充分掌握公司内外的信息。

（2）他们没有足够的资源来做出适当的判断。

（3）他们的行动意愿受限。

外部董事不熟悉行业或公司的内部情况，不会就部门或科室等人力资源以及独立预算问题提出准确的意见和建议。在动机意愿方面，企业内部人员以升职为目标，他们更愿意为了自己而努力做事，所以不论在经济层面还是非经济层面，外部董事都很难发挥作用。这些都是无可辩驳的事实。

说到这里，我仿佛能听到日本企业经营者在说："看到了吧！监察型董事会也起不了什么作用。还是之前的管理型董事会好！"

从基金公司邀请外部董事

然而，吉尔森教授和戈登教授并不支持这种怀旧情怀。在准确把握了监察型董事会的优缺点后，他们提出一种能够突出原有优势的新型董事会。这就是"董事会3.0"概念。

两位教授解释了"董事会3.0"的概念，并为它描绘出更加具体的形态。简言之，它参考了私募股权基金公司在投资企业方面的治理模式。

这种董事会通常由3部分组成：

（1）受到大股东信任，但一旦业绩下滑，会被毫不留情撤换掉的首席执行官。

（2）多名精通行业内情的外部董事。

（3）由大股东，即基金公司派出的中坚管理层担任董事。

为什么这种配置可以发挥"董事会2.0"的优点，同时又能够克服其缺点呢？受到大股东制约的首席执行官和熟悉行业的外部董事这两点很容易理解。显而易见，虽然董事会的监督职能和执行职能分离后，监督者可以任免首席执行官，但是只有精通业务的董事会才能做出合理的任免决策。

我认为"董事会3.0"概念的出彩之处在于它邀请了基金投资公司的中坚干部来担任董事。

如前所述，基金投资公司具有投资的职能，这一点与企业经营的本质是相似的。基金公司平时不断调查分析大量行业和企业的经营数据，积累了大量投资经验，在此过程中他们可以不断完善决策标准和流程。因此，借助基金公司的投资技能，经营者可以进一步提高他在企业经营过程中的投资能力。更具体地说，有两种能力在基金公司开展投资时发挥了重要作用，而这两种能力也可以应用于企业的经营管理中。

一个是分析能力。长线型投资者同时也是长线型调查者。在考察投资项目时，他们会调查目标企业的相关市场和竞争环境，并参考其他行业的案例，预判竞争地位的变化趋势。此外，他们还会通过横向对比竞争对手和类似公司的财务状况，在明确其利润结构的同时，识别其经营习惯。如果一家基金公司的资金规模高达1000亿日元，那么投资者就会具备从世界各地收集信息的财力，还有强大的分析系统、分析工具、分析手段，他们具有相当强大的调查能力。

另一个是资本管控能力。通过分析，投资者在对公司价值做出明确的分析判断后，再决定是否投资。如果投资，需在确定投资力度，核算需分配的资源，参考多方意见之后做出最终投资决定。投资后，充分利用基金公司的跨行业管理技能和经验，使企业价值最大化。

当然，无论多么谨慎地考虑投资决策，事情总会有不尽如人意的地方。我们要善于总结投资失败的教训，不断学习，反复检查投资判断的标准和流程，找出投资决策和现实结果之间产生差距的原因。在这方面，投资者能精准地做出投资判断，对风险和回报具有高度敏感性，是名副其实的专业人士。

通过邀请基金公司的中坚管理人员来担任外部董事，企业可以利用他们的分析能力和资本管控能力来克服"董事会2.0"的信息薄弱、资源不足的缺点，这一点与之前（不得不赤手空拳、空降而来）的外部董事有明显区别（不再是赤手空拳）。

"董事会3.0"还能改善外部董事意愿受限这一缺点。担任外部董事的基金公司中坚管理人员肯定会尽其最大努力去工作。因为他们的奖金与投资项目的成败有直接关系，而投资项目的成败和声誉将对他们的职业生涯产生很大影响。基金行业圈子很小，个人名声的好坏很快就会传遍整个圈子。如果他们的提案目光短浅，那么虽然能为他们带来一时的回报，但却损害了投资企业的长期价值，那么他们便会被贴上"金钱暴力"的标签，之后的职业生涯肯定会荆棘丛生。

这些中坚管理人员必须切实提高企业的长期价值，所以他们的工作意愿非常强烈。在这方面他们与已经功成名就的外部董事有着明显区别。因此，让基金公司的中坚管理人员来担任企业外部董事，是解决意愿受限问题的理想选择。

专栏　世界各地兴起融入投资家思维和技巧的潮流

下面我们换一个话题，一起看一下新型激进投资者的案例。

在日本，提到激进型投资者，人们往往会联想到前文章节中出现过的经典形象。不过现在欧洲和美国已经出现了新型激进投资者，他们的行为方式与之前的激进型投资者形象完全不同。他们甚至投资了通用电气、宝洁、微软等世界顶级跨国公司，提案也往往与经营战略、董事会人选等经营内容相关。

其中最显著的特点是"如果经营者采取了目光短浅的经营措施或官僚主义的经营行为，他们就会予以纠正"。即使公司经营情况要好于竞争对手，他们也会建议公司不要跟其他企业进行对比，而是应该发挥出自身全部的潜力。

这是一个新型激进投资者帮助 PDF 软件开发公司——奥多比公司改变商业模式的案例。起初，奥多比公司采用的是单次销售模式。这种商业模式有两个特点，第一个特点是商品售出时价格很高，但一旦交易结束，直到下一批客户下单之前，这期间没有收入；第二个特点是客户会因为担心更换成本而不愿回购。

后来，激进投资者 Value Act Capital 组织入股成为奥多比公司的股东，2012 年 12 月，Value Act Capital 进驻奥多比公司董事会，提议转换商业模式，由原来的单次销售模式转换为鼓励客户持续使用的计费式销售模式。他们认为这种转换可以稳定销售收入并降低风险。最初，这项提议受到了经营者的强烈反对，原因是在销售模式过渡期间销售收入会下降，股价可能会大幅下跌（这意味着经营者与季度业绩挂钩的奖金可能会减少）。

激进型投资者在其他机构投资者的支持下说服了经营者。最后，奥多比公司转变为持续使用 / 计费式销售模式。2013 财年，它们的净利润和单股利润下降至原来的 1/3（如预期判断），但此后的业绩表现趋于稳定，到 2016 年年底，其股价达到了 2012 年的 3 倍左右。

事实上，激进型投资者对这种商业模式的转变做出了多少贡献尚不得而知。即使他们没有提出建议，经营者也可能带头进行自我改革。然而，这个案例的确表明已经出现了一种新型激进投资模式，这种投资模式直接关系到经营者和其他机构投资者。

早在"董事会 3.0"倡议提出之前，在瑞典、挪威等北欧国家，持有上市公司 10% 股份的机构投资者都有权成为其提名委员会的成员。提名委员会是关于企业经营和治理的重要组织，即使在日本，业界也普遍认为首席执行官的任免是公司治理的重中之重，因此提名委员会是一个非常重要的机构。该机构有正式聘任大股东的相关制度。现在已经有很多企业都尝试着将投资者的思维、智慧、人才和资源直接应用于企业管理中，以期快速提升企业价值。

·日本企业将投资者思维与技巧融入经营管理的 3 个步骤

由此看来，不论是走在前沿的学术界，还是企业的经营实践，将投资者思维和技巧融入经营管理中的浪潮都已经开始兴起。它的兴起有一个重要原因，那就是一旦所有权和经营权分离，官僚主义、保守主义和先例主义便会盛行，企业将会逐渐失去冒险精神。这是一个世界范围的普遍性问题，欧美各国正在尝试利用机构投资者等外部治理压力来解决这一问题。

我认为，在日本或许还有另外一条路能行得通。不是通过企业外部力量来施压，而是延续日本企业传统的经营模式，即通过经营者和员工齐心协力，构建企业命运共同体的方式。充分发挥命运共同体的力量，让企业内部人员持有股票，从而实现更好的经营，这种方式更符合日本的企业文化。日本企业具有内部互助合作的优良传统，这一点在世界上享有盛名。未来我们要将这种优良传统与投资者的思维与技巧结合起来。不是通过外部压力或外部治理来驱动，而是以每个人的内在动力为驱动力，实现企业更好的经营。这就是我提倡的"三位一体经营"。

如何将"三位一体经营"融入实际的经营理念中呢？具体步骤如下所示：

步骤 1：提高公司董事和员工的持股数量。

步骤 2：理解投资者的思维，接受投资者的检查。

步骤 3：将投资者的技巧直接应用于企业的经营管理。

下面让我们来依次进行分析说明。

步骤 1：提高公司董事和员工的持股数量

首先，我们来看看目前日本企业的内部持股比例情况。员工股东会和董事股东会曾经在日本流行过一段时间，但最近几乎销声匿迹。即使从学术性的分析结果来看，日本企业的内部持股比例也不算高。

有一项学术研究对比分析了全球 27 个国家的企业，其结果显示日本企业的董事会成员持股比例为 3.4%，低于全球 4.6% 的平均水平（中国企业 8.8%，法国企业 8.6%，德国企业 5.8%，英国企业 5.0%，美国企业 4.2%）。

另一项关于调查员工持股比例的学术数据显示，全球 90% 以上的上市公司引入了员工持股制度，但日本企业员工的平均持股比例仅为 1%~2%，与法国 4% 的水平相比较低。在日本股票期权制度在达到一定程度之后也变得停滞不前。日本股票期权具有"行权价格低、分配率低、行权期短"的特点，很难发挥内部激励的作用。限制性股票薪酬制度是最近才引入高管薪酬体系的制度，目前还没有完全铺开。并且在大多数情况下，该福利仅限于企业高管人员，普通员工并不能享受这种待遇，因此并没有形成福泽广泛的内部持股制度。

那么怎样才能改善这一状况呢？我有一个大胆的想法，那就是引入一种机制，确保员工持有公司已发行股票 10% 左右的份额。日本企业的员工非常敬业，而且他们对企业有着强烈的归属感，所以我认为员工持有公司 10% 左右的股票并不过分。大家齐心协力推动企业发展，共同享受股价增值成果，这并没有什么不好。

除公司的内部董事外，员工和外部董事也可以广泛参与其中，持有公司的大量股份。这样一来，每个人都会为了提高企业价值而贡献智慧，作为股东也可以名正言顺地表达自己的意见。这样做的目的是增强企业的冒险精神，进而获取超额利润。员工持有足够的股份还可以解决第三阶段治理中的问题，例如股东不愿承担责任、企业风险承担能力不足等问题。在我看来，这样做可以产生一石二鸟，甚至一石三鸟的效果。

第二次世界大战后，日本制造业中兴起了重视一线员工的改革浪潮，企业在经营活动中注重发挥一线员工的智慧。在今天，这种经营方法其实也可以用来提高企业价值。有着强大命运共同体属性的日本企业不妨尝试一下。

步骤 2：理解投资者的思维，接受投资者的检查

当所有人都增持了公司股票后，经营者就可以邀请之前并无好感，甚至非常抵触的投资者来公司看看。我们可以反复向他们询问投资对象的选择标准、企业价值的计算方法和投资组合的替换技巧等问题（最好邀请严选型投资者来公司），看看在他们冷静客观的视角下，自己的公司究竟是什么样子。

日立集团前会长川村隆在日立制作所任职期间进行了重大的企业改革。他曾经谈及投资者意见的重要性。

任何人都很难 100% 客观地评价自己。对自己多少都会有些偏袒……世界上有很多客观的眼睛，例如相机。很多人看到照片中自己的五官、容貌以及打高尔夫或滑雪时的姿态时都会感到吃惊，甚至不满——我的脸看起来怎么那么老？我滑雪的姿态怎么那么难看？但是不管怎么说，相机永远是真实的。

公司也是如此，身处其中的人往往很难客观地看待自己的公司。他们觉得自己公司的名声不可能有那么差，股价不该那么低。在企业评估的过程中，扮演相机角色的正是机构投资者的眼睛。他们的评价往往没有偏好，比较客观。对于机构投资者的客观评价，公司内部人士可能会心生抱怨，认为这些人根本不了解情况，所以给出了如此苛刻的评价。然而机构投资者的观点往往是正确的，反而是自己过于乐观和肤浅。

客观和坦率的外部意见对于经营者摆脱固执，重新审视、调整和完善企业经营来说总是有益的。当然，银行、证券公司和管理咨询公司也会给出客观的意见。然而，真正意义上能够与经营者处于相同立场，客观审视整个公司情况的大概只有投资者。一个职能相似但思维不同的投资者最适合向企业提出中肯的管理意见。

步骤 3：将投资者的技巧直接应用于企业的经营管理

在反复听取投资者的意见后（可能比你想象的更苛刻），经营者可以将投资者的投资、管理技巧直接纳入企业的经营管理中。例如，企业并购和业务重组往往需要冷静的判断，我们便可以将投资者的这种技巧融入这样的业务中。

日本企业的经营者并不擅长出售某项业务或退出某项业务。因为这些操作都需要舍弃掉原来的业务，而日本企业的经营者存在根深蒂固的法人实在说思维，在他们看来，公司是命运共同体，不可轻易舍弃哪一部分。所以在日本企业中本来需要理性判断的董事会中充斥着主观情绪，经常打感情牌；与业务有直接利害关系的业务部长兼董事成员完全没有回避的想法；主管生产和销售的董事对财务管理一无所知……这些都导致了董事会无法进行卓有成效的讨论。这就是日本企业的现状。

在企业并购和重组方面，我的建议是成立一个由少数人组成的战略投资委员会，在会上进行理性讨论并做出实质性决策。战略投资委员会一定要吸引投资者加入，因为投资者具有无可替代的优点——他们把企业定义为可以交易的资产，他们在平时不断磨炼投资技巧，能够客观判断出公司的价值。除了投资者之外，战略投资委员会的成员还包括与投资者没有利害关系的首席执行官、首席财务官、首席投资官。只有设置了战略投资委员会，企业才能在并购和重组问题上做出正确的判断，因为这种问题显然并不适合七嘴八舌的大众合议制。

我还有一个想法，那就是把投资者引入到薪酬委员会中。金融行业中有很多对公司的薪酬制度非常有研究的人（我刚进入这个行业时，对这一点很是惊讶）。如果公司的薪酬制度无法满足这些人的要求，那么优秀的人才很快就会流失到其他公司。日本企业的人才流失问题非常严重。

当然，金融行业的薪酬制度并不适合普通企业。但是如何将企业价值提升的成果反映在持股制度、股票期权、公司职工持股计划等制度上，金融业可以给我们提供很多借鉴。投资者薪酬机制中的基准薪酬机制、回拨机制、延期付款机制等都具有一定的合理性，而且经过了实践检验，不过在此就不一一详细介绍了。

获取投资者技巧的最直接、最高效的方法是让投资者加入公司董事会。众所周知，国内外已经出现了这种趋势。董事会不仅需要了解并掌握投资者的思维和技巧，还要学习豪雅公司的铃木社长的敏锐洞察力并将其应用于经营实践中。

在我看来，这是实现三方共赢最快、最高效的方式。最近业界非常推崇多样化和差异化经营，并将它们作为企业治理改革的亮点之一。但我认为真正需要的是思维和技巧的多样化，而不是国籍或是年龄层的多样化。

·将投资者思维和技巧融入经营管理的大潮已经兴起

有的人或许觉得我是在胡言乱语，说的都是些不现实的东西。但是，Misaki 投资公司接触的好多企业的的确确都已经发生了这样的变化。

Misaki 投资公司作为参与型股东，以提高被投资方的价值为己任。我们经常与企业社长、会长、首席财务官、业务部长就如何提升企业价值进行开诚布公的讨论。我们每月提供一次详细的调查文件以供对方研讨，同时我们还会提出一些建议。衷心希望我们提供的投资者思维和技巧能够帮助被投资方取得长足的发展，这也是我们 Misaki 投资公司对投资人的承诺。

最近，有很多与我们没有合作关系的企业也邀请我们参与到他们的董事会和业务会议中，向我们寻求专业的分析和评估建议。

每两个月左右，我们就会被邀请参与某家公司的董事会，其中许多公司的市值都超过了 10000 亿日元。这类公司面临着全球竞争，有强烈想要摆脱传统管理模式的紧迫感。

即使没有投资这家企业，只要被邀请，我们也会投入大量的时间来进行调查分析，而且与会时也会积极发言。只提出一些顺耳的建议没有任何意义，所以从一开始我们就严肃认真地对待这件事。通过认真讨论可以加深对公司的了解，只需给一家企业稍微施加一些压力（这个过程中可能会给人以居高临下之感，我要向这些企业说声对不起）就能感受到这家企业有没有改革的决心。

我们每季度都会邀请投资企业和兄弟企业的社长参加"Misaki 恳谈会"，届时，与会者与讲师会边交流边学习。我们会和经营者讨论什么是普遍意义上优秀的经营管理，以及这种管理方式是否可以应用于他们自己的企业。我们邀请的讲师有迪思科 ❶ 公司的关家社长、丸井集团的青井社长、欧姆龙公司的山田社长等，他们都是极为优秀的现任经营者。

我们从 2021 年开始举办经营技巧拓展会，会议组织者是为本书撰写解说的楠木教授，与会者为即将担任执行董事或业

---

❶ 主要经营精密研削切割设备的制造、销售、回收，以及精密加工设备和精密零部件加工的一家企业。——译者注

务部长的高层管理人员。

有很多公司邀请我们 Misaki 投资公司的成员去担任他们的外部董事。本公司的执行董事新田孝之担任了贝亲株式会社的外部董事，还有不少公司都来询问我公司其他成员是否有意担任他们的外部董事。

有的公司不满足于外部董事这一监督级别的辅助作用，他们甚至直接邀请我们的干部去担任执行董事。这是将投资者的思维和技巧直接应用于执行层面，实践"三位一体经营"的好机会，所以我想接受这个挑战。我还打算同时启动一些并行举措，创造越来越多三方共赢的案例。

正是因为日本企业具有强烈的命运共同体意识，所以才要提高内部人员的持股比例。这样一来，命运共同体中的成员就可以享受企业发展带来的丰硕成果，实现全员财富的增长。为此，我们需要深入理解严选型投资者的思维方式，并且直接引进和利用他们的技巧。

这会给"所有权与经营权分离"这一不可抗拒的资本主义趋势提供新的答案，而且是将这二者再度融合在一起的、具有日本特色的答案。

这就是具有日本特色的新型管理方式。

结 语
・・・

在大约 20 多年的时间里，我都在从事管理咨询行业。其后的 15 年，我毅然转身进入投资行业。一个沉浸经营管理行业多年的人投身到了投资行业，我仿佛打开了新世界的大门，各种令我惊异的事情接踵而至……

在投资者看来，企业是一种"无机物"

首先，投资者对企业组织结构调整和人事变动缺乏兴趣。毫无疑问，公司是人的集合体。公司由活生生的人组成，这些人既在这里高谈阔论自己的理想和愿景，又在这里发表充满人情味的个人情感和各种疑惑。公司里有内部派系和政治举动，公司应该是一种"有机物"。

对于这样一个有机物来说，组织结构调整和人事变动是它的重大决策之一。此时，公司内部会从各个角度来进行充分论证。经过讨论之后才会决定企业的经营方向是向左还是向右，最终才能把组织结构和人事变动固定下来。也就是说，组织和人事的变动暗示了企业未来的发展方向，这对投资人来说是重要的分析材料。然而令人遗憾的是，投资者们在财务简报会上向企业提出的问题，却总是关于短期业务绩效方面的问题。

还有更让人感觉不适应的地方。一个是投资行业对企业的称呼问题。投资行业喜欢用公司的品牌来称呼公司，有时甚至会用该公司的上市代码来称呼该公司。由此可见，企业在他们眼里就是彻彻底底的"无机物"，这一点很让我惊讶。

一个人日常使用的语言可以反映出他对人对事的观点。反过来，一个人平时无意识使用的词语有时也会影响他的想法。

我的公司严禁使用品牌或代码来称呼某家企业（我们会议室中有一个小猪存钱罐，如果谁不小心说错了就会挨罚，罚金会存入存钱罐充作酒钱）。我们不忘初心，始终把企业看作是有血有肉的"有机物"（不过在投资行业，所有人都能记住一家公司的上市代码，这让我惊讶不已。我觉得自己不是一个合格的投资人，到目前居然连一家公司的上市代码都记不住）。

我在投资行业经常会听到这句名言警句——不要爱上某个品牌。品牌只是你的投资对象，如果投入过多感情，就容易错失交易时机，导致业绩恶化，所以永远不要爱上它。这个建议很中肯，它是投资行业智慧的体现。

在本书中，我多次向经营者表达自己的观点，那就是"从旁观者的角度出发，将自己的公司与其他公司放在一起进行比较，做冷静客观地分析。经营者如果没有这种投资者思维，便无法带领所有人致富"。我相信这个观点是正确的。

然而，投资者这一群体实在令人费解。他们居然把公司这种正儿八经的"有机物"当成彻底的"无机物"，毫无感情地加以对待，这真的是一个优秀投资者应该做的事情吗？反正我不认可这种观点。

经营者对投资者敬而远之

我注意到，企业经营者对投资者并不感兴趣。我经常听到他们对短线交易的批评声，他们对交易背后的业务投资机制和逻辑并不感兴趣。直到现在，我仍能遇到一些经营者，他们并不清楚其实投资者也分很多种，或者说，他们根本就不想了解这些，只要提到投资者，他们总是不分青红皂白地一概嗤之以鼻。

如果经营者遇到的都是把企业看作无机物，做短线交易的投资者，那么他们自然会对其厌恶至极。明明公司的业务状况有所改善，股价却无缘无故地暴跌；明明努力地拉近与投资者的关系，投资者却还是只关注短期业绩。这些都会导致经营者失去工作热情和对投资者的信心，这一点无可厚非。但是，经营者和投资者的关系真的要这样水火不容吗？

🖐 我们的财富正在变得越来越少

2019年12月，《日本经济新闻》发表的一篇报道令我极为震惊。

年收入1000万日元属于低收入群体！根据美国住房和城市发展部的一项调查显示，在旧金山，年收入1400万日元的四口之家被列为低收入家庭。而在日本，根据厚生劳动省的统计结果，2017年日本家庭的平均年收入约为550万日元，年收入超过1000万日元的家庭只有10%左右。

也就是说，日本前10%的富裕家庭，在旧金山却属于低收入家庭。

我曾经在旧金山附近的某城市留学过，旧金山的确是一个非常富裕的城市。随着信息技术行业的兴起，这座城市变得比世界上大多数城市都要富裕。所以有人认为，拿日本整体与这样一个少有的富裕城市进行比较并没有意义，日本仍然是较为富裕的国家。这样的观点我可以理解，但是另外还有一组数据让人无法泰然处之。

那就是世界经济合作与发展组织发布的世界各国实际收入的变化情况数据。它将实际收入与物价挂钩，体现出人们的实际购买力水平，是可以真实反映出生活质量的指标。这组数据相当令人震惊。大部分发达国家在过去 30 年之内实际收入增长到原来的 1.3 倍至 1.5 倍之间，而日本只增长到了原来的 1.05 倍。在日本，人们的富裕感几乎没有变化。经历了长时间的通货紧缩，日本的物价没有上涨，但是同时日本人的收入也几乎没有增加。其结果就是，人们在现实生活中的富足感几乎没有变化。其他国家虽然物价在上涨，但劳动者工资的涨幅更大，所以人们感觉现在的生活比以前富裕多了，能达到原来的 1.3 倍至 1.5 倍。

还有一些数据也引起了我的注意。京都大学名誉教授川北英隆对劳动分配率和资产回报率的变化做出了分析，结果显示"日本企业的资产回报率一直保持稳定，但是劳动分配率却呈现下降趋势。这说明企业通过挤压员工的分配空间来增加利润水平"。

我们现在不得不正视一个事实，那就是"日本企业相关的人，他们的收入水平正在变得越来越低"。这说明以前我们习以为常的某些事情肯定存在问题。

经营管理中的某些环节出了问题

即使像我这种经营顾问出身、身处企业一线的投资人没有设立三方共赢的大目标，国家也会找到相应的办法去解决企业存在的问题。

事实上，日本政府已经发布了很多改革政策，这些政策集中了优秀的经济学家、官方人士和政治家们的智慧。尽管如此，我们仍然没有觉得自己的财富有所增长。

经济的引擎是企业，企业的引擎是经营，这是连我这种非专业人士都明白的最基本的经济学理论。虽然国家经济活动中存在各种经济主体，但是能够在现实中创造财富的只有企业。无论家庭还是政府都只是在享受企业发展所带来的红利。

企业发展的引擎别无其他，只能是经营。只有优秀的管理才能产生高额利润，同时提高股票价值，增加所有人的收入，除此之外，没有其他方法能帮助所有人都富裕起来。反之亦然，管理不善会导致企业收益下降，个人收入降低，企业股票价值也会受到影响。这种逻辑一清二楚，没有人会提出异议。

如果说日本人的富裕程度正在降低，那肯定说明日本企业在管理的某些环节上出了问题。或许有人想知道日本企业究竟是在什么层面上出了问题。如果不是太深层问题的话，那么处理起来就会容易许多，只需要改变个别现象，解决个别问题就行了。例如，改变企业治理模式、学习 Misaki 黄金比例、提高财务能力等，就好像在手机上安装一个新的应用程序一样简单，这样所有人都能富裕起来。这种问题处理起来是最轻松、最简单的。但如果是更深层次的问题怎么办？如果是企业经营的底层逻辑本身出了问题，就好像手机程序赖以运行的操作系统已经严重滞后，不好用了，这又该怎么办呢？

🔹 通过"萨长同盟"来升级管理操作系统

如果一家日本企业的管理操作系统已经滞后，那么软件升级这种看似平常的重要工作便无法完成。那些在白天活跃的各种应用程序，它们在夜间大都处于停滞状态，所以我们可以利用夜间来更换新的操作系统。

具体措施就是寻求投资者的帮助。虽然这些投资者令企业忌惮、厌恶，他们甚至有时会轻蔑地称呼企业为某品牌，着实让人难以接受。尽管如此，企业仍然需要与投资者联手，通过"经营者与投资者的萨长同盟"来更新企业的管理操作系统。这就是本书的观点。

欧姆龙公司决定退出车载零部件市场时，山田义仁颇为伤感的发言尚言犹在耳。在实践三方共赢的道路上，我们经常会遇到此类问题。如果不升级管理操作系统，将法人实在说与法人拟制说结合起来，那么企业按照本书提示的步骤去实现共同富裕的目标就会变得非常困难。

先要更新操作系统。经营者需要掌握一种冷静的思考方式，保证自己能够沉静地做出艰难的决定。不论你学习的经营管理知识有多么深奥，如果没有一种好的思维去应用它，那么你学到的这些知识将变得毫无价值。

需要改变的不仅只有经营者，投资者也需要向经营者学习很多东西。投资行业属于信息业，未来这些信息几乎都会被数字化，信息获取成本和分析成本将大幅降低，而深度学习和人工智能的应用场景将会变得更广泛。

投资者必须要在数字社会存活下来，但是他们以品牌名称来代指公司，反复呼吁"不要对目标公司倾注感情"的做法，在我看来，这些都无异于自杀行为。把对方看作无机物，在投资交流过程中不带丝毫感情的做法是没有感情的计算机才会做出的事情。

我想投资者现在要回答的一个根本性问题是"身处不断变化的投资业中，如何构建自己的商业壁垒"。当今时代的投资者更需秉持长远的业务观，能够判断出某项业务的未来走向，并建立起独具特色的业务构想（我给出的业务构想是创建参与型股东模式。它具有非常鲜明的特色，是一种可持续产出高回报率的投资模式）。

前辈们教导我们"每个金融从业者都要扪心自问，自己的行为能否促进实体经济的发展？能否帮助企业提高经营管理水平？"现在是时候仔细体会前辈们的教诲了。

我充满了热情和干劲。正是因为经营者和投资者之间充满了误会、不理解和冷漠，所以他们之间才需要充分地接触和相互学习。我相信，通过相互学习，日本的企业管理可以做得更好，投资也会取得更大回报。

经营者和投资者不要相互憎恶，而要相互学习。双方不要停留在充满距离感的对话上，而要开展充满人情味的交流，坦诚地交换意见。我要对经营者说，请邀请投资者参与到经营管理中去吧。同时我还要对投资者说，请全身心地投入到经营实践中去吧。

股东应该为了他们的投资对象打工，同时打工人也应该成为股东。我们应该克服陈旧的二元对立论，不在股东或员工之间做出非此即彼的选择，而是要让所有人都成为参与型股东。只有让那些特立独行、富有开创精神的人们集中在一起，碰撞出思维的火花，才能排除万难，成功开辟出三方共赢的道路。

"我的前面没有路，我的身后都是履痕路迹。"❶

期待未来的日本经营舞台上能有更多像江头匡一、小仓昌男、村濑泰敏那样充满自我挑战精神的人出现。

最后，感谢读者们的支持。

---

❶ 出自高村光太郎的诗集《道程》，这句话的意思是人生是靠自己一步一步开拓出来的。——译者注

致　谢
· · ·

本书虽以我独著的形式出版，但它实际上是 Misaki 投资公司的同人们集体智慧的结晶，他们勤勤恳恳地工作在投资一线，为本书的写作提出了很多宝贵的建议，并付出了非常大的努力。

我在撰写本书时，第 1、2、8 章，第 3 章，第 4、5 章，第 6 章，第 7 章，第 9、10 章分别得到了古川周平、吉原正淑、岩朝武宗、佐藤广章、槙野尚、中尾彰宏的协助，他们在资料搜集整理和文章撰写方面给予了我巨大的帮助。

继前著之后，一桥商学院的楠木建教授多次给本书提出宝贵建议，并撰写推荐序，我对他的感激之情难以言表。

自本书开始构思起，多年来钻石出版社的上村晃大和横田大树一直不厌其烦地与我接洽出版事宜，并提出了诸多建设性意见。

除了得到以上诸位的直接帮助外，在我从事经营顾问期间，前辈们（已故 CDI 公司的创始人吉越亘和富山和彦）的教导、我的舅公村濑泰敏以及祖母和父母的家庭熏陶，最重要的还有我在职业生涯中遇到的各位优秀经营者的启发，这些都让我萌生了执笔的想法。

我的周末时间大都用在了冲浪和写作上，很少有时间去陪伴妻子和女儿，但是她们仍对我的工作给予了支持和理解（女儿虽然不甚情愿，却仍然阅读我的原稿，给我提出了很多中肯的建议）。

在我写完上一本书时，曾因实在太过耗费心力，发誓不再写书，但最终我还是写完了这本书，这一切都离不开大家的帮助与鼓励。

现在，我的脑袋已经被掏空了。迄今为止，我在职业生涯中所学所知的已尽数写进了我的前作和本作之中（也请读者垂阅前作）。要写的东西都写出来了，我如释重负，满心欢喜。

在此衷心感谢大家对我的支持和鼓励！

参考文献
・・・

1.　ジェレミー・ミラー著、渡部典子訳『バフェット　伝説の投資教室――パートナーへの手紙が教える賢者の哲学』日本経済新聞出版社、2016年

2.　山口勝業「市場予測に意味はあるのか（2）ポスト・バブル28年間の日本株リターンと将来予測」『投資信託事情』2018年3月

3.　『コーポレートガバナンス・コード』株式会社東京証券取引所、P23

4.　『持続的成長への競争力とインセンティブ～企業と投資家の望ましい関係構築～』プロジェクト（伊藤レポート）最終報告書、P6

5.　ベンジャミン・グレアム著、土光篤洋訳『賢明なる投資家――割安株の見つけ方とバリュー投資を成功させる方法』パンローリング、2000年

6.　日経流通新聞『流通経済の手引』1999年版

7.　ブルース・グリーンウォルド、ジャッド・カーン著、辻谷一美訳『競争戦略の謎を解く』ダイヤモンド社、2012年

8.　ブルース・グリーンウォルド、ポール・ソンキン、ジャッド・カーン、マイケル・ヴァンビーマ著、臼杵元春、坐古義之訳『バリ

ュー投資入門―バフェットを超える割安株選びの極意』日本経済新聞出版、2002 年

9. パット・ドーシー著、鈴木一之監訳、井田京子訳『千年投資の公理』パンローリング、2008 年

10. 「不屈の路程 SERIES6/No.3 一度「死んだ」からできた全員経営」『日経ビジネス』2020 年 6 月 15 日号、日経 BP

11. 『みさきニューズレター』第 11 号、2018 年 8 月

12. 野間幹晴著『退職給付に係る負債と企業行動』中央経済社、2020 年

13. Goshen,Z.and Hamdani,A. "Corporate and Idiosyncratic Vision" The Yale Law Journal:125（3）,560–795.

14. 「私の履歴書 江頭匡一①～㉚」『日本経済新聞』1995 年 5 月 1 日―5 月 31 日

15. 小倉昌男著『小倉昌男 経営学』日経 BP、1999 年

16. 三木清著『人生論ノート』新潮文庫、1978 年

17. 蟻川靖浩、井上光太郎、齋藤卓爾、長尾耀平「日本企業の低パフォーマンスの要因」宮島英昭編著『企業統治と成長戦略』東洋経済新報社、2017 年

18. Yamaguchi et al.,2018, "Staying Young at Heart or Wisdom of Age:Longitudinal Analysis of Age and Performance in US and Japanese Firms," IIR Working Paper,No.18–41,Institute of Innovation Research,Hitotsubashi University.

19. 日本取締役協会 独立取締役委員会『独立社外取締役の行動ガイドラインレポート 2～「稼ぐ力」の再興に向けて』2020 年 6 月 10 日

20. 『みさきニューズレター』第 14 号、2019 年 10 月

21. 「世界企業 守りの資金確保 過去最高水準 需要蒸発に対応 中銀マネーが支え」『日本経済新聞』朝刊 2020 年 5 月 11 日 1 頁

22. 「日本企業の手元現金が過去最高——大半の国の GDP 上回る 506 兆円超」Bloomberg、2019 年 9 月 3 日

23. Robert G.Hagstrom, "The Warren Buffett Way:Investment Strategise of the World's Greatest Investor" Wiley.1997.

24. 竹居智久「東芝と TOB 合戦、敗れた HOYA の鈴木 CEO『しょうがない』」日経ビジネス電子版、2020 年 1 月 17 日

25. 三品和広『経営は十年にして成らず』東洋経済新報社、2005 年

26. 一橋大学院商学研究科田村俊夫「第 1 章コーポレートファイナンスの観点から見たコーポレートガバナンス」『コーポレートガバナンスと企業・産業の持続的成長』商事法務 2018 年

27. Activist Insight,Activism Monthly Premium,Vol.3,Issue7（July 2014）

28. 宮島英昭 編著『企業統治と成長戦略』東洋経済新報社 P135

29. 「外から眺め、眺められ——日立製作所会長川村隆氏（あすへの話題）」『日本経済新聞』夕刊 2012 年 6 月 11 日 1 頁

30. 「安いニッポン（下）「香港なら 2 倍稼げる」——人材流出、高まるリスク」『日本経済新聞』朝刊、2019 年 12 月 12 日 1 頁